Die schönsten Sagen vom deutschen Wein

Ausgewählt, bearbeitet und herausgegeben von
Christine und Dietmar Werner

Husum

Umschlagbild: Johann Wilhelm Preyer, Obststillleben, 1833
Staatliche Museen zu Berlin – Preußischer Kulturbesitz. Nationalgalerie

Die Deutsche Bibliothek – CIP-Einheitsaufnahme

Die **schönsten Sagen vom deutschen Wein** / ausgew., bearb. und hrsg. von Christine und Dietmar Werner. – Husum : Husum, 1999
ISBN 3-88042-877-8

Satz: Fotosatz Husum GmbH
Druck und Verarbeitung: Husum Druck- und Verlagsgesellschaft
Postfach 1480, D-25804 Husum

ISBN 3-88042-877-8

□ Einige Bemerkungen vorab □

Es war einer jener Ferientage, die man wohl nie wieder vergisst. Wir hatten – eigentlich durch Zufall – am Tag zuvor ein nettes Ehepaar kennen gelernt und waren gemeinsam den ganzen Tag durch Weinberge gewandert, vorbei an freundlich grüßenden Menschen, an lieblichen Dörfern und einladenden Gasthäusern. Und als wir dann am Abend auf der Terrasse vor unserem Quartier saßen und die sympathischen Wirtsleute bei einem guten Tropfen von der schweren, aber auch schönen Arbeit der Winzer erzählten, war schnell im Gange, was heutigentags nicht nur in der großen Politik leider so schwer fällt: ein offenes, anregendes Gespräch, bei dem das oft künstlich aufgebauschte und vermeintlich Trennende schnell hinter den sich immer wieder findenden Gemeinsamkeiten zurücktrat.

Und so muss es wohl auch gewesen sein, als sich in früheren Zeiten die Menschen nach vollbrachtem Tagwerk im Wirtshaus, am Dorfbrunnen, in der Spinnstube oder anderwärts trafen, um Neuigkeiten auszutauschen, aber auch um Wissen und Erfahrungen weiterzugeben, eigenartige Namen und Erscheinungen zu deuten. Sicher werden auf diese Weise ebenfalls manche der heute noch bekannten Sagen entstanden sein, die uns Kunde von der Vorstellungswelt der damals lebenden Menschen, von ihren Wünschen und Hoffnungen bringen.

Zwar ist es – davon ausgehend – auch immer wieder reizvoll, dem Phänomen Sage im wissenschaftlichen Sinn nachzugehen, zu deuten, was sich hinter den „Aussagen“ der einzelnen Sagen verbirgt. Aber muss denn wirklich alles bis ins Detail geklärt und erläutert werden? Ist nicht unsere Phantasie ohnehin in der gegenwärtigen, durch Technik und kommunikative Zwänge geprägten Zeit schon viel zu sehr eingeengt? Verleitet dagegen nicht geradezu der von dieser rebengeprägten Landschaft und von dem Wein an sich ausgehende Reiz zu romantischen Träumen? Lassen wir doch deshalb auch einfach die Sagen einmal so auf uns wirken, wie sie sind! Spezielle Literatur mit dem „Handwerkszeug“ für eine wissenschaftliche Interpretation gibt es schließlich zuhauf.

Damit schließt sich auch bereits wieder der Kreis zu der gemütlichen Runde bei unserem freundlichen Winzer. Denn als dieser eine neue

Flasche mit einem für viele Moselweine typischen phantasievollen Namen aus dem Keller holte, war natürlich die Neugier geweckt und neuer Gesprächsstoff gegeben. Wie mochte denn dieser edle Tropfen zu seinem Namen gekommen sein? Sicher gibt es für den einen oder anderen Namen eine sachliche Erklärung. Doch ist es nicht viel reizvoller, einmal in dem reichen Schatz unserer Volkssagen zu kramen und nachzuhaken, wie sich unsere Vorfahren seine Entstehung erklärt haben?

Und so wurde an diesem Abend die Idee geboren, einmal Sagen zusammenzutragen, die sich – im wahrsten Sinne des Wortes – um den Wein ranken. Dankenswerterweise fanden wir in der Husum Druck- und Verlagsgesellschaft einen verständnisvollen Partner, der unser Bemühen von Anfang an unterstützte.

Nun zählen zwar Weinanbau und Weinbereitung mit zu den ältesten Erwerbszweigen der Menschheit und wurden auch in Deutschland in früheren Zeiten in einem weitaus größeren Umfang als heute betrieben. Allein im Thüringer Raum soll ja beispielsweise die Weinanbaufläche zu Beginn des 16. Jahrhunderts bis zu 10 000 ha betragen haben! Dennoch sind selbst aus den heute bekannten Weinbaugebieten die entsprechenden Sagen nicht in dem zu erwartenden Umfang überliefert und in einem der Bedeutung entsprechenden Anteil an dem gesamten Sagenschatz der Region vertreten. Natürlich gibt es für die Erklärung dieses Phänomens interessante Hypothesen und wissenschaftliche Theorien. Aber auch deren Wertung sollte gleichfalls doch lieber speziellen volkskundlichen Abhandlungen vorbehalten bleiben. Denn letztlich wollten wir mit dieser Publikation ein volkstümliches Lesebuch vorlegen und den interessierten Lesern einen Querschnitt dieser speziellen Sagengattung vorstellen.

Dabei muss berücksichtigt werden, dass Volkssagen bekanntermaßen nicht mehr zum lebendigen Erzählgut gehören. Deshalb muss jede – wie auch immer geartete – Beschäftigung mit diesem Volksgut grundsätzlich auf einer Literaturarbeit beruhen. Ohne an dieser Stelle einer vergleichenden Literaturkritik das Wort reden zu wollen, muss dabei berücksichtigt werden, dass viele der im vergangenen Jahrhundert und vor allem zu Beginn unseres Jahrhunderts „herausgegebenen“ Sagen in einem blumigen und heutigentags teilweise schwer verständlichen Stil niedergeschrieben, ja sogar in Gedichtform[1] verarbeitet worden sind. Neben dem Bemühen um eine repräsentative Auswahl galt es deshalb zugleich, die Sagen anhand der verfügbaren und unterschiedlichen Quellen in eine der heutigen Zeit vorsichtig und behutsam angepasste Stilistik zu „bringen“, ohne in

eine im eigentlichen Sinne freie Nacherzählung zu verfallen. Dass bei der Bearbeitung von der inhaltlichen Aussage keinerlei Abstriche vorgenommen werden durften, kann dabei für diese Publikation als Selbstverständlichkeit unterstellt werden. Ist doch gerade die Treue zum Detail eine unerlässliche Voraussetzung, um über die Sagen einen Einblick in das Fühlen und Urteilen unserer Vorfahren, in ihre Denkweise und in ihre moralischen Auffassungen zu ermöglichen. Somit haben wir mit der gewählten Bearbeitungsform der Sagen letztlich versucht, an die alte Erzähltradition anzuknüpfen. Wurden doch die Sagen in ihrer Blütezeit im zeitlichen Verlauf – begünstigt durch die mündliche Weitergabe – auch immer wieder den jeweiligen Erfordernissen angepasst. So sicherte man bereits damals eine stetige Übereinstimmung zwischen Erzählern und Zuhörern. Zugleich ergibt sich daraus, dass eben auch nicht „die" Version einer Sage existiert. Wer jedoch Interesse hat, sich mit ursprünglichen Texten näher zu befassen, findet in dem umfangreichen Quellenverzeichnis dazu ausreichende Hinweise. Insbesondere sei in diesem Zusammenhang auf die im vorigen Jahrhundert erschienene Literatur aufmerksam gemacht. Auch aus einem anderen Grund dürfte sich aus diesem Verzeichnis noch manche Anregung ableiten lassen: Ist es doch beispielsweise äußerst aufschlussreich, die Sagen um den Wein beispielsweise einmal in Verbindung mit dem gesamten Sagenschatz eines Gebietes, einer Region zu betrachten. Hierzu empfiehlt sich das Studium der auch aus diesem Grunde so zahlreich im Quellenverzeichnis vertretenen regional ausgerichteten Sagenliteratur. Schließlich kann und soll die im Anhang beigefügte Erklärung ausgewählter Begriffe keineswegs einer wissenschaftlichen Deutung der Sagen Tür und Tor öffnen, sondern den Lesern ggf. Anregungen für eine weitergehende Beschäftigung mit den Sagen vermitteln – oder ganz einfach lediglich das Verständnis für einige, heute oft in Vergessenheit geratene Begriffe erleichtern.
Geordnet wurden die Sagen in sechs Kapitel. Begonnen wird mit den Sagen um die Arbeit im Weinberg im weitesten Sinne, wobei Sagen über die Deutung der Namen ausgewählter Weine eingeschlossen sind. Da in diesem Kapitel die gegenwärtigen Weinbaugebiete im Vordergrund stehen, werden in dem folgenden Abschnitt Sagen vorgestellt, die sich auf die frühere Ausdehnung des Weinbaus in unserer Heimat beziehen. Sagen, die sich thematisch mit der eigentlichen Weinbereitung „befassen", findet der Leser in dem sich anschließenden Gliederungspunkt. Relativ viele Sagen ranken sich um – meist verschüttete – Weinkeller in alten Ruinen. Deshalb wurde dieser Spe-

zies ein weiteres Kapitel gewidmet. Bemerkenswert hierbei ist, dass der Wein der Überlieferung nach oftmals in seiner eigenen, aus Weinstein gebildeten Haut ruht. Es folgen Sagen um den Transport des Weins, und schließlich dürfen auch Sagen nicht fehlen, die den mehr oder weniger sinnvollen Genuss des Weins zum Inhalt haben. Doch gilt grundsätzlich, dass diese Gliederung in erster Linie der besseren Übersichtlichkeit dienen soll und deshalb nicht allzu streng gesehen werden darf. Überschneidungen sind deshalb nicht ausgeschlossen. Auch wurde innerhalb der Kapitel auf eine nochmalige Unterteilung nach thematischen oder regionalen Komplexen verzichtet. Alle Sagen wurden im Rahmen der einzelnen Gliederungspunkte lediglich nach den Orten der „Handlung" in alphabetischer Reihenfolge geordnet. Ein Ortsverzeichnis soll interessierten Lesern helfen, die einzelnen „Lokalitäten" leichter aufzufinden.
Sicher werden aufmerksame Leser die eine oder die andere ihnen bekannte Sage vermissen. Deshalb sei abschließend die Bitte ausgesprochen, Anregungen und Hinweise zur weiteren Verbesserung des Buches dem Verlag zu übermitteln.
Mögen die Sagen um den Wein allen Lesern viel Freude und Entspannung bereiten. Und wie könnten die Vorbemerkungen zu einer derartigen Anthologie besser abgeschlossen werden als mit dem Bibelwort aus dem 104. Psalm: „... dass der Wein erfreue des Menschen Herz!"

Christine und Dietmar Werner

Bonifatius lässt Reben pflanzen

Als die Hunnen unter ihrem König Attila im Jahre 454 in das Land am Rhein vordrangen, haben sie viele Räubereien, schlimme Plünderungen und arge Grausamkeiten an den Bekennern des Christentums verübt.

Im Jahre 746 ehrte der heilige Bonifatius, der begnadete Apostel Deutschlands und erste Erzbischof von Mainz, jene Märtyrer. Auf der bei Alzey gelegenen Stätte ihrer Leiden ließ er zum steten Gedächtnis eine Kapelle errichten, die er „Zum Heiligen Blut" nannte. Da er zudem fand, dass die Lage vortrefflich für den Weinbau geeignet sei, wurde auf sein Geheiß hin der Ort auch mit edlen Reben bepflanzt. Gleichsam zur Erinnerung an das hier vergossene kostbare Blut wurde diese Lage fortan Heiliger Blutberg genannt.

„Kleiner Rhein gibt guten Wein"

Zu Bacharach am Rhein soll in grauer Vorzeit ein Altar des Bacchus, des Weingottes, gestanden haben. Manche meinen deshalb, dass der Name des Ortes von diesem Altar, Bacchi ara, herrühre. Dieser Altarstein wurde von den umwohnenden Winzern auch Elterstein genannt.

Nach manchen Erzählern wurde er in alten Zeiten von den früheren heidnischen Bewohnern dieser Gegend angelegt. Andere sagen jedoch, dass die Römer den Stein gesetzt hätten, als sie in diese Region gekommen waren und den guten Wein probiert hatten. Fortan sei hier von ihnen der Weingott Bacchus verehrt worden.

Der Stein ist jedoch nur bei niedrigem Wasserlauf des Rheins, also vornehmlich im Sommer und im Herbst – und auch da nur bei trockenem, heißem Wetter –, deutlich zu sehen. Ist er sichtbar, wird dies für eine dem Weinjahr günstige Prophezeiung genommen. Geht doch folgendes Sprichwort: „Kleiner Rhein gibt guten Wein".

Übrigens pflegten hier auch die Rheinschiffer einen alten Brauch: Wenn in trockenen Jahren der Stein sichtbar wurde, putzten sie eine Strohpuppe als Bacchus auf und befestigten sie auf dem Altarstein – allen Fahrensleuten zum Gruß und zugleich zur Warnung.

Bernkastler Doktor

Bernkastler Doktor heißt einer der berühmtesten Moselweine. Wie es zu diesem merkwürdigen Namen kam, wird in folgender Sage erzählt:
Der Erzbischof Bohemund von Trier wurde einst von einem bösen Fieber heimgesucht, das keinem Heilmittel weichen wollte. Schließlich zog er sich deshalb sogar auf seine Burg Landshut in Bernkastel an der Mosel zurück. Meinte er doch, dass er in der Einsamkeit und fern von den Amtsgeschäften Genesung finden könne. Aber auch hier verließ ihn die Krankheit nicht, und er wurde immer schwächer. Da befahl er seinen Mannen, dass man jeden vorlassen solle, der ihm ein Heilmittel bringen wolle. Zudem ließ er bekannt machen, dass jeder, der das Fieber bannen könne, eine große Belohnung erhalten würde. Doch bald kam niemand mehr. Denn wo die klügsten Ärzte der Zeit nichts ausrichten konnten, wer sollte da noch helfen? So war es nicht verwunderlich, dass der Bischof die Hoffnung auf Genesung aufgegeben hatte.
Diese Kunde drang auch zu einem alten Ritter, der nach einem bewegten Leben den Rest seiner Tage auf seiner Burg im Hunsrück verbrachte. Da rief er: „Der Bischof hat den Nagel in der Faust und weiß nicht, wo er ihn hinschlagen soll! Hat man je einen köstlicheren Wein getrunken, als diesen Bernkastler? Das ist der wahre Doktor, und der Teufel soll mich holen, wenn ich damit nicht unseren guten Bischof, der mir in der Sponheimer Fehde das Leben gerettet hat, kurieren kann!"
So machte er sich alsbald auf, lud das zwar nur noch halb gefüllte Fass auf seinen Wagen und fuhr nach Bernkastel. Dort packte er es sich auf seine Schulter und stieg zur Burg hinan. Zwar wollte man ihn dort zuerst nicht einlassen, aber nach dem Hinweis, dass er ein Heilmittel bringe, wurden ihm Tür und Tor geöffnet.
Der Erzbischof war nicht wenig über den Besuch erstaunt und fragte nach der Begrüßung den Ritter nach seinem Begehr. Dieser sagte

daraufhin zu Bohemund: „Ich habe vernommen, dass ihr an einem üblen Gebrechen darniederliegt und euch kein Doktor helfen kann. Da bin ich denn als rechtschaffener Lehensmann des erzbischöflichen Stuhls gekommen, um euch wieder auf die Beine zu bringen." Mit diesen Worten zeigte er auf das Fass. Der Erzbischof konnte sich zunächst nur schwer für diese seltsame Arznei entscheiden. Doch dann dachte er bei sich: „Hat alles andere bisher nicht geholfen, so kannst du es ja mit diesem Mittel einmal versuchen!" Und so kam es, dass die beiden Männer bald darauf wacker zechten. Als der Erzbischof dann auch noch erfuhr, dass dieser kostbare Trunk von seinen eigenen Rebhügeln stammte, fuhr er mit diesem sonderbaren Heilverfahren fort. Das Fieber schwand daraufhin sichtlich dahin, und nach wenigen Wochen war es für immer gebannt.
Der Wein aber, der solch ein Wunder vollbracht hatte, wurde fortan Bernkastler Doktor genannt.

Der Schatz im Weinberg

In Dietlingen träumte eine Frau zwei Nächte hintereinander, dass in der sich zwischen ihrem und dem benachbarten Weinberg hinziehenden Furche eine weiße Frau sitze, die einen Topf voller Geld auf ihrem Schoß habe. Als sie dies ihrem Mann erzählte, gab er ihr den Rat, in den Weinberg zu gehen, falls sich der Traum in der kommenden Nacht wiederholen würde.
In der folgenden Nacht hatte die Frau nun tatsächlich zum dritten Mal den gleichen Traum. Da kleidete sie sich schnell an und eilte in den Weinberg. Dort sah sie auch die weiße Frau mit dem Geld sitzen. Stillschweigend nahm sie den Geldtopf aus deren Schoß und ging damit bis zum Ende der Furche. Zwar ließ sich dabei hinter ihr ein furchtbares Getöse hören, aber sie kehrte sich nicht daran. So kam die Frau mit dem Geld zwar unbeschadet nach Hause, doch Glück hat es ihr nicht gebracht, denn nach zwei Tagen war sie tot.

Der Goldstängel

Um die Mitte des 17. Jahrhunderts soll sich nahe der kursächsischen Residenzstadt Dresden folgende Merkwürdigkeit begeben haben: Ein Weingärtner sah aus der Erde eines Weingartens einen langen Stängel hervorstehen. Er ergriff ihn und zog ihn heraus. Der Stängel war schon einige Ellen lang, als er schließlich nach einer hastigen Bewegung abriss. Der Mann betrachtete daraufhin das seltsame Gebilde näher. Da merkte er, dass der Stängel aus gediegenem Gold war. Nun versuchte er zwar, auch den Rest des seltsamen Stängels noch aus der Erde zu ziehen. Aber obwohl ihm dies nicht gelang, war er zufrieden und hatte genug sein Leben lang.

Verzauberte Zitronen

Zwei Schwestern aus Durlach wollten eines Mittags den Tagelöhnern, die im Weinberg hinter dem Turm arbeiteten, das Essen bringen. Als sie dabei an die Bank vor dem Turm kamen, sahen sie eine Menge der schönsten Zitronen – nach anderen Erzählern Quitten – liegen. Doch merkwürdigerweise waren alle halb zerschnitten. Eines der Mädchen nahm dennoch einige davon in ihre Schürze. Aber nach einer Warnung ihrer Schwester warf sie alle wieder weg, und gemeinsam gingen sie weiter zu den Tagelöhnern in den Weinberg. Als sie den Männern von dem merkwürdigen Fund erzählt hatten, liefen diese, auf einen Schatz hoffend, zu der nicht weit entfernten Bank. Doch konnten sie dort keine einzige Zitrone mehr finden.

Die Mönche von Eberbach

Die Zisterziensermönche in Eberbach betätigten sich bald nach ihrer Ansiedlung auch außerhalb ihres geistlichen Lebens zum Nutzen der Region auf vielen Gebieten. Insbesondere erwarben sie sich dabei große Verdienste um den Weinbau. In Kiedrich und in anderen Orten des Rheingaus besaßen sie durch fromme Stiftungen bald ansehnliche Weingüter. Aber dabei ließen sie es nicht bewenden, sondern suchten nach weiteren Möglichkeiten für den Weinanbau. So konnten sie vom nahe gelegenen Klosterhof, dem „Neuhof", hinüber zu dem nicht bebauten Steinberg blicken. Da sie sicher waren, dass dort ein guter Wein wachsen werde, beschlossen sie, auf dem Steinberg mit der Rodung zu beginnen, und schon 1232 gehörte ihnen der gesamte Steinberg. Der Wein, der dann nach einigen Jahren dort wuchs, war tatsächlich so hervorragend, dass er sich mit dem Gräfenberger, dem Markobrunner und dem Johannisberger messen konnte. Extra für ihn soll ja sogar das berühmte große Fass[2] gebaut worden sein. Auch erzählt man sich, dass in den verschiedenen Kellereien des Klosters große Mengen Wein gelagert haben sollen. Im Jahre 1506 seien es 1546 Fuder Wein gewesen. Im gleichen Jahr wurden Weine aus den Jahrgängen 1503 und 1504 von der Kölner Niederlassung des Klosters für 6135 Goldflorine, das sind rund 360 Fuder, verkauft. Der Abt des Klosters fügte jedoch seinen Aufzeichnungen darüber noch den Hinweis hinzu: Wem dies vor Augen komme, solle die Nachricht vorsichtig in Schweigen bewahren, auf dass die Begehrlichkeit nicht gereizt würde und das Kloster nichts von dem Seinigen einbüße.

Vom Reichtum der Abtei Ebrach

Die im Schwäbischen gelegene Abtei Ebrach war einst sehr reich. Man sagte, dass ihr Reichtum nur um ein Ei geringer gewesen sei als der des Hochstifts Würzburg. Als eines Tages die Äbte von Langenheim und Ebrach in Streit darüber gerieten, welches ihrer Klöster reicher sei, meinte der Langenheimer: „Sieben unserer Fruchternten reichen aus, um euer ganzes Gotteshaus zuzuschütten!" Doch darauf erwiderte der Abt von Ebrach nur: „Und mit sieben unserer Weinherbste mahlen wir all diese Frucht!" Daraufhin musste der Langenheimer den größeren Reichtum der Abtei Ebrach anerkennen und vermied es, weiterhin darüber zu streiten.

Erdener Treppchen

Eine Weinlage in dem idyllischen Moselort Erden hat den Namen Erdener Treppchen. Sicher wird die steile, fast unzugänglich erscheinende Lage maßgeblich zu dem Namen beigetragen haben. Man sagt aber auch, dass durch die lange Sonnenscheindauer dort ein Wein wachse, der derart den Gaumen kitzelt, dass man meint, Schluck für Schluck – oder Stufe für Stufe – den himmlischen Genüssen näher zu kommen.

Wie es zu dem Namen Kopfreben kam

Als die Waldungen von Ettlingen noch bis Bernbach gingen, ließ die Bürgerschaft nahe der Abtei Frauenalb einen gemauerten Schweinestall erbauen. Dies gefiel den Klosterleuten wegen der Nähe zu ihrem Kloster nun ganz und gar nicht. Sie erboten sich deshalb, den Stall auf ihre Kosten zu versetzen. Als dies jedoch die Ettlinger ablehnten, zerstörten die Klosterleute eines Nachts den Stall durch Feuer. Doch kaum war dies in der Stadt bekannt geworden, als der Stadtrat die Bürger zur Rache aufrief. Sie stürmten nach Frauenalb und gaben das Kloster den Flammen preis. Über diese Untat beklagte sich die Äbtissin persönlich beim Kaiser, worauf dieser sämtliche Ratsherren zum Tode verurteilte. Zudem musste die Bürgerschaft den gesamten Waldbezirk von Bernbach bis zur Moosalb an das Kloster abtreten und den Turm in ihrem Wappen so umkehren, dass er auf der Spitze steht.
Der Vollstreckung des Urteils an den Ratsherren in Ettlingen wohnte der Kaiser selbst bei. Als bereits elf der Ratsherren enthauptet waren, fragte er seinen Hofnarren, wie ihm wohl das Köpfen gefalle. Da antwortete dieser: „Wenn es Weidenstöcke oder Kohlköpfe wären, die wieder ausschlügen, gefiele es mir schon!“ Durch diese Antwort wurde der Kaiser bewogen, den zwölften Ratsherrn zu begnadigen.
Die Enthaupteten wurden auf dem Richtplatz begraben und auf die Gräber Steinkreuze mit eingehauenen Köpfen und Schwertern gesetzt. Als aus dem Platz später ein Weinberg wurde, kamen die Kreuze außen an die Mauer bei dem Gutsleutehaus. Der Weinberg erhielt jedoch zur Erinnerung an die Ratsherren den Namen Kopfreben.
Übrigens sollen bei den Kreuzen die elf Ratsherren in den heiligen Nächten umgehen, einer schwarz, die Übrigen feurig.

Der Teufel wacht im Weinberg

Zur Zeit der Weinlese hatte der Verwalter des ehemaligen Nonnenklosters Filzen, einem Ortsteil von Brauneberg, zwei Gutsknechte beauftragt, einen Weinberg des Klostergutes zu bewachen. Doch einer von den beiden sann am Abend unentwegt darüber nach, wie er sich wohl die Arbeit erleichtern könne. Schließlich rief er in seinem Übermut in den Weinberg hinein: „Wo seid ihr, ihr Nachtteufel? Hat keiner von euch Lust, meine Wache zu übernehmen?“ Da stand auch schon, wie aus dem Boden gewachsen, der Teufel vor dem Knecht und fragte nach dem Lohn, wenn er die Wache übernehmen werde. „Einen Korb voller Trauben sollst du haben“, erwiderte da der Knecht. „Aber du musst vom Einbruch der Dunkelheit bis zum Morgengrauen ausharren. Und wenn jemand den Weinberg betritt, dann brich ihm auf der Stelle den Hals!“ Der Teufel war es zufrieden, und der Knecht ging zurück in das Kloster.

Als ihn dort der Verwalter traf, stellte er ihn sofort zur Rede. Der Knecht entgegnete, dass er seinen besten Freund als Ersatz dort gelassen habe. Dieser würde für ihn wachen. Dass es der Teufel war, verschwieg er dabei wohlweislich. Der Verwalter war jedoch damit nicht zufrieden und schickte den Knecht wieder in den Weinberg zurück.

Um Mitternacht stieg nun der Knecht mit seinem Gefährten auf einen Wachtturm neben dem Weinberg. Plötzlich vernahmen sie merkwürdige Geräusche, gleichsam, als würde jemand zwischen den Weinstöcken einhergehen. Da meinte der Knecht, der von dem Abkommen mit dem Teufel nichts wusste, zu dem anderen: „Du, ich glaube, da schleicht jemand durch den Weinberg.“ „Bleibe du nur hier, ich will hinuntergehen und nachsehen“, erwiderte daraufhin der andere. Vorsichtig stieg er nun den steilen Hang hinab und ging außen um den Weinberg herum. Da er jedoch an den Rebstöcken keine Spuren von Menschenhand entdecken konnte, war er sicher, dass der Teufel im Weinberg war.

Am nächsten Morgen erzählte der Knecht dem anderen von seiner Abmachung mit dem Teufel. Zugleich schüttete er – wie versprochen – einen Korb voller Trauben als Lohn für den Teufel neben eine Rebe. Als die Männer etwas später zurückkamen, waren diese verschwunden.

Diese Sage wird auch noch von manch anderem Weinberg erzählt. Doch in den meisten Fällen geht dabei die Sache nicht so glimpflich für den Knecht ab. Denn als dieser auf das Geheiß des Verwalters wieder auf seinen Posten in den Weinberg eilt, wird er dabei von dem Teufel gefasst und so Opfer seiner eigenen Abmachung mit dem Bösen.

Des Teufels Windsbraut

Im Frankenland arbeitete einstmals während des Sommers ein alter Häcker in seinem Weinberg, um den Boden zu lockern und das Unkraut zu entfernen. Gleich neben dem Weinberg erstreckte sich ein großer Kleeacker. Eine Magd hatte dort gerade frisch Gesicheltes zu Haufen zusammengerecht. Auch der Weingärtner hatte das Ausgehackte fein säuberlich zu einem Streifen zwischen zwei Wegen geordnet. Als er sich nach dieser Arbeit gerade hinsetzen wollte, um sein Brot zu verzehren, brauste eine Windsbraut heran und warf alle Haufen durcheinander. Fluchend schrie da die Magd: „Da soll aber doch gleich der Teufel dreinschlagen!“ Doch kaum waren diese Worte über ihre Lippen gekommen, als ein Windstoß die Magd in die Lüfte hob und davontrug. Während der Häcker noch der Magd nachstarrte, entführte die Windsbraut diesem auch noch das Frühstücksbrot. Zwar fielen von der Magd nach einer Weile die Pantoffeln wieder zur Erde, von dem Mädchen selbst aber hat man nie wieder etwas gesehen.

Das verhängnisvolle Trinkturnier

Die Römer hatten einst auch um Hägelberg Weinstöcke gepflanzt und sich an dem dort wachsenden köstlichen Wein begeistert. Nach deren Vertreibung hatten die Alemannen die Kultur fortgeführt und waren schließlich zu eifrigen Verehrern des Gottes Bacchus geworden. Als der Weingott davon erfuhr, brach er mit großem Gefolge auf, um seine Anhänger zu besuchen. Auch wollte er selbst sehen, dass sich sein Reich nunmehr tatsächlich bis hart an den Hägelberger Wald erstreckt.

Zu Ehren des Gottes Bacchus wurde nun ein gewaltiges Trinkturnier veranstaltet, das drei Tage und drei Nächte währte. In der dritten

Nacht sank jedoch Bacchus unter den Tisch, etliche trinkfeste Hägelberger hatten ihn besiegt. Dies konnte der Weingott nicht verwinden. Seine Rache war hart. Die Hägelberger konnten fortan ihre Reben noch so sorgfältig pflegen, der Wein war von Stund an so herb, dass allen, die ihn trinken, vor Wehmut die Augen übergehen.

Der Haslocher Weinbergsmann

Wer gern guten Wein trinkt, der gehe nur nach Hasloch, eine Stunde von Wertheim, den Main abwärts. Wächst doch dort ein herrlicher Roter.

Als sich nun vor geraumer Zeit wieder einmal ein besonders gutes Weinjahr einstellte, konnten die Winzer nicht genug Fässer auftreiben, um den reichlich fließenden Rebensaft unterzubringen. In dieser so gesegneten Zeit fuhr ein wohlhabender Winzer mit hellem Geklingel und übervollen Kufen seinem Hof zu. Da trat ihm ein armer Greis in den Weg und bat um eine einzige Traube. Der Winzer jedoch schwang die Peitsche gegen ihn und fuhr weiter, ohne auf die Bitte des Alten zu hören. Da rief ihm der Greis drohend nach, er möge mitsamt seinen Trauben in den Boden versinken. Der Winzer lachte jedoch nur darüber. Aber im gleichen Moment öffnete sich eine Erdspalte, in der er mit Pferden und Fuhrwerk verschwand. Von dem Alten war im gleichen Moment ebenfalls nichts mehr zu sehen.

Doch der Winzer findet in dem Berg keine Ruhe. In den Jahren, in denen ein besonders guter Wein gerät, will der Weinbergsmann – wie man den Geist des zu Lebzeiten so hartherzigen Winzers nennt – aus dem Berg heraus und die Trauben sehen. Er knallt dann mit seiner Peitsche, und die Glöcklein an den Pferden klingen dabei so hell aus der Tiefe heraus, dass jedem Winzer, der das hört, das Herz vor Freude schneller schlägt. Je heller es klingt, umso besser werde das Weinjahr, sagen die Landleute.

Wie die Edelfäule entdeckt wurde

Als der Johannisberg im Jahre 1716 an die Abtei Fulda verkauft worden war, begannen harte Zeiten für die noch bis zu dem späteren Schlossbau dort bleibenden Mönche. Schickte doch zu allem Überdruss der Fuldaer Fürstabt Konstantin von Buttlar ständig Visitatoren, die den Weinbau und die Keller streng kontrollierten.

Als einst ein sehr gesegnetes Weinjahr kam, hatten die Mönche alle Hände voll zu tun, um den Erntesegen einzubringen. Zu allem Unglück kam der erste Frost so früh, dass man in einigen Lagen noch nicht einmal mit der Lese hatte beginnen können. Und wie es das Unglück will: Gerade in dieser Zeit hatte sich wieder der Visitator aus Fulda angesagt. Da war guter Rat teuer! Da man sich aber nichts vorzuwerfen glaubte – hatten doch die Mönche jeden Tag von früh bis spät gearbeitet –, war man sich schließlich einig, den Visitator nur in die Lagen zu führen, die bereits abgeerntet waren. Doch als ob ihm der Teufel im Nacken sitzen würde, steuerte der Visitator immer wieder gerade die Lagen an, wo die halb erfrorenen Trauben noch in Hülle und Fülle hingen. Vor versammeltem Konvent erteilte er dem Abt deshalb eine strenge Rüge und murmelte sogar etwas von Faulheit. Am schlimmsten aber war, dass er sofort die Wiederaufnahme der Lese befahl. Zudem ordnete er noch an, dass als Klosterwein im kommenden Jahr ausschließlich Wein von den Trauben getrunken werden dürfe, die jetzt noch am Stock hingen.

Die Sage verschweigt, was Mönche und Klosterknechte nach der Abreise des Visitators dazu anmerkten. Doch als im folgenden Jahr erstmals dieser Wein dem Abt kredenzt wurde, machte er nach dem ersten Schluck ein geradezu verklärtes Gesicht. Die Mönche, die anschließend davon probierten, waren der Meinung, dass hier ein Wunder geschehen sei, das sie für die harte Arbeit und die erfrorenen Finger entschädigen sollte. Alle waren übereinstimmend der Meinung, dass dies der edelste Wein sei, den sie je getrunken hätten.

In dem kommenden Jahr ließ man nun absichtlich in einigen Lagen die Trauben bis zum Frost hängen. Und als sich das vermeintliche Wunder wiederholte, war das Geheimnis der „Edelfäule“ entdeckt.

Hex vom Dasenstein

In dem Weinort Kappelrodeck an der badischen Weinstraße wird ein köstlicher Spätburgunder angebaut, der den Namen Hex vom Dasenstein trägt. Nun könnte man meinen, dass dieser Name mit den Hexen in Verbindung steht, die bei keinem Fastnachtsumzug fehlen dürfen. Aber weit gefehlt! Vielmehr erzählt man sich über die Entstehung des Namens Folgendes:
Einstmals lebte auf der Burg Rodenstein ein strenger und adelsstolzer Ritter. Doch seine Tochter verliebte sich, in die entsprechenden Jahre gekommen, in einen Bauernsohn. Als der Ritter von dieser unstandesgemäßen Beziehung erfuhr, verstieß er in seinem Zorn das Burgfräulein. Von aller Welt verlassen, zog das Mädchen daraufhin an den Dasenstein. Nachdem sie den ersten Schmerz überwunden hatte, begann sie Wein anzubauen. Das Glück war ihr dabei hold, und sie konnte schon bald einen guten Roten in die Fässer bringen. Aber wie so oft, lagen auch hier das Gute und das Böse eng beieinander. Ein Mädchen, das mutterseelenallein in dieser Gegend lebte und gar noch einen so guten Wein hatte, musste doch irgendwie eine Hexe sein – und so kam dieser Wein zu seinem Namen.

Vom Wein zu Klingenberg

Von Klingenberg, einem kleinen Städtchen am Main, das schon 1276 urkundlich erwähnt wurde, geht die Rede, dass es in dem Ort keine Spatzen gäbe. Sei doch der Feldbau hier so gering, dass sich die Vögel nicht davon ernähren könnten. Dagegen wird aber seit alter Zeit erfolgreich der Weinanbau betrieben. Damit im Zusammenhang steht auch folgender alter Reim:

Zu Bacharach am Rhein,
Zu Klingenberg am Main,
Zu Würzburg am Stein,
Da wachsen die drei besten Wein'.

Nun meinen zwar einige, dass Klingenberg zu Unrecht diesen ehrenhaften Platz zwischen Bacharach und Würzburg einnehmen würde, er käme vielmehr Hochheim am Main zu. Aber wer vermag hier zu richten? Auch Merian sagte bereits über Klingenberg: „Ein gar kleines Stättlein, so deß herrlichen Weinwachs halber berühmbt: welcher köstliche Wein weit verführet wird."

Theonest bringt die Reben nach Kaub

Theonest war ein christlicher Märtyrer, der in Mainz bis auf den Tod gequält wurde. Schließlich gelang es ihm jedoch zu entkommen. Da er keinen Nachen hatte, ließ er sich in einer Weinkufe auf dem Rhein stromabwärts treiben. Je weiter er dabei kam, umso wohler wurde ihm zumute. Als er bei dem späteren Städtchen Kaub landete, beschloss er, hier zu bleiben. Er predigte das Christentum und pflanzte süße Trauben tragende Weinreben. Diese kelterte er zuerst in seiner Kufe, die ihn an diese Stelle getragen hatte. Nach einigen Erzählern soll von dieser Kufe auch der Ort, den Theonest hier gründete, den Namen Kaub herleiten. Auf alle Fälle nahmen die dankbaren Kauber das Bild des heiligen Theonest, in seiner Kufe sitzend, in ihr Stadtsiegel und in ihr Wappen auf.

Die heilige Ritza

Um die Mitte des 9. Jahrhunderts lebte gegenüber von Koblenz auf dem Hof Arzheim die heilige Ritza. An jedem Morgen ging sie zum Besuch der Messe hinüber nach St. Castor oder zur Kartause. Dabei war ihr die wunderbare Gabe eigen, sicher und ungefährdet über die Fluten des Rheins zu wandeln.

Doch als sie eines Morgens bei stürmischem Wetter wie gewohnt über den Strom gehen will, befällt sie plötzlich Angst. Darum ergreift sie einen am Weg liegenden Weinbergstecken[3] und setzt erst dann ihren Fuß auf die Fluten. Doch sie sinkt immer tiefer in das Wasser. In ihrer Not fleht sie zu Gott, dass er den Wellen Einhalt gebiete. Dann lässt sie in festem Vertrauen auf seine Hilfe den Stecken los. Sogleich kann sie wieder sicher wie ehedem über das Wasser schreiten.

Wie der Name „Kröver Nacktarsch“ entstand

Wie es zu dem für einen Wein recht eigenartigen Namen kam, liegt im Dunkeln. Einige führen ihn auf das wohl berühmteste Zitat des Götz von Berlichingen zurück. Andere meinen wiederum, dass der Berg, auf dem dieser Wein heutigentags wächst, früher prall und kahl wie ein blankes Hinterteil gewesen sei und so dem Wein zu seinem Namen verholfen habe. Am bekanntesten ist aber wohl folgende Überlieferung:

In früheren Zeiten mussten die Winzer in Kröv den Klostergütern, die einen großen Teil der Weinberge in Besitz hatten, Jahr für Jahr die so genannten Weingefälle entrichten. Zum Teil wurden diese später durch Fronarbeit abgelöst. Die Klöster gewährten dafür den Leuten neben freier Kost unter anderem auch einen Tag, an dem sie vom Morgengrauen bis zur Abenddämmerung – teilweise auch, solange eine bestimmte Kerze brannte – in den klösterlichen Weingärten für sich selbst Trauben lesen durften. Verständlich, dass sich die Männer dabei, im Gegensatz zu der sonstigen Gepflogenheit, an diesen Tagen größter Eile befleißigten. Wollten sie doch möglichst viele Trauben in das eigene Fass bekommen. Dies ärgerte einen der Klostervögte aufs höchste, und er sann auf Abhilfe.

Im nächsten Jahr gab der Vogt den Winzern an dem bewussten Tag als Essen frisch geschlachtetes und dann in kaltes Wasser getauchtes Schweinefleisch. Dies verfehlte bei den Traubenlesern nicht seine Wirkung. Immer wieder mussten sie die Lese unterbrechen, weil die rebellierenden Därme ihr Recht forderten. Doch einer von ihnen merkte, was der Vogt beabsichtigt hatte. Kurzerhand zog er daraufhin seine Hosen aus und band das Hemd hoch. Dann schnitt er weiter die Trauben ab, ohne sich darum zu kümmern, was hinterrücks geschah. Als dies der Vogt sah, habe er ausgerufen: „Über diesen Nacktarsch bin ich nicht Herr geworden!“ Von diesem Ausspruch soll sich der bewusste Weinname herleiten.

Das Kolismännchen

Vor geraumer Zeit lebte in Kues, das bereits zu einem schönen Winzerdorf erblüht war, ein Mann namens Kohles. Er war zwar von schmächtiger Gestalt, aber mit einem wachen Geist. Von allen Leuten wurde er deshalb auch nur Kolismännchen gerufen. Da er es in schlechter Zeit durch seine Klugheit zu großem Wohlstand gebracht hatte, dennoch bescheiden und freundlich zu allen anderen Dorfbewohnern geblieben war, war er zudem hoch angesehen. So gab es auch keinen Neid, als er sich im Ort ein neues, prächtiges Anwesen baute. Der Keller desselben war so groß, dass er hundert Fuder Wein fasste. Da die eigenen Weinberge nicht reichten, um die Fässer zu füllen, fing er an, immer mehr Wingerte zu ersteigern.

Aber mit dem wachsenden Besitztum schlich sich auch immer mehr der Geiz in sein Herz. Aus dem Mann, der anderen Menschen stets offen und herzlich begegnet war, wurde allmählich ein mürrischer und verschlossener Griesgram. Und obwohl es ihm gelang, seine Ernten immer ertragreicher zu gestalten, eine rechte Freude daran mochte nicht mehr aufkommen.

Schließlich hatte er sein Ziel erreicht: In seinem Keller lagen einhundert Fässer, voll gefüllt mit edlem Rebensaft. Aber nun kam eine neue Sorge hinzu: Konnte er denn den Menschen trauen? Und so hütete das Kolismännchen fortan von früh bis spät selbst seinen Keller. Doch eines Morgens glaubte es, seinen Augen nicht trauen zu können. An einigen Fässern waren die Reifen gesprungen, an anderen die Dauben gelockert. Dadurch war auch bereits Wein ausgelaufen. Das war ein harter Tag für das Kolismännchen. Musste es doch die Fässer reparieren lassen und – was das Schlimmste war – aus dem hundertsten Fass Wein in die anderen Fässer füllen, um diese wieder voll zu bekommen. Da wurde das Männchen von einer unsagbaren Verzweiflung erfasst, und es erhängte sich.

Aber auch nach seinem Tod fand das Kolismännchen keine Ruhe. Viele Menschen haben es noch gesehen. Vor allem geisterte es in und um seinen Keller herum. Der Küfer, der Kolis Weinkeller versorgte, sah es öfters zusammengekauert auf einem Fass Cueser Weißenstein sitzen. Als der Geist des Kolismännchens den Küfer allzu sehr in seiner Arbeit störte, fuhr er ihn hart an. Da machte sich der Geist sofort davon und zeigte sich auch in dem Keller nicht wieder. Zwar hat er sich danach noch an verschiedenen Orten sehen lassen, aber schließlich hat man von dem Kolismännchen nichts wieder gesehen und gehört.

Wie die Rebenhäsel auf den Mond kamen

In der Gegend des rheinpfälzischen Ortes Landau nennt man die Rebenzweige, die zur Pflege der Rebstöcke von denselben abgeschnitten und sodann zu Bündeln zusammengetragen werden, Rebenhäsel. Um nun die Kinder davon abzuhalten, dass sie in die Weinberge gehen und von den Trauben naschen, zeigt man ihnen den Mann im Mond, der Rebenhäsel unter dem Arm trägt. Man sagt, dass er einst Trauben gestohlen habe und zur Strafe dafür mit den Rebenhäsel in den Mond verbannt worden sei.
Übrigens soll diese Warnung auch in Bayern früher gebräuchlich gewesen sein.

Bestrafte Hartherzigkeit

Als der Herr noch auf Erden wandelte, kam er einst mit seinem Begleiter Petrus auch unerkannt nach Lindau am Bodensee. Aber statt beide zu beherbergen, wurden sie von den hartherzigen Bürgern ausgewiesen. Doch vor den Toren der Stadt trafen sie auf einen Tagelöhner, der sie freundlich aufnahm und mit ihnen teilte, was er und sein Weib hatten. Zum Dank erlaubte ihnen der Herr, sich etwas auszubitten. Da baten die beiden Leutchen um ein Gärtchen und einen kleinen Acker. Am anderen Morgen fanden sie ihren Wunsch weit übertroffen.
Als das die Lindauer erfuhren, ließen sie dem Herrn ausrichten, dass sie ihm gern ein Nachtlager gegönnt hätten, wenn sie gewusst hätten, wer er sei. Da kehrte der Herr ruhig um und ließ sich von den Lindauern bewirten. Dem Petrus war dies gar nicht recht, zumal nach der Mahlzeit kam, was er schon geahnt hatte: Die Lindauer baten den Herrn um ein Geschenk. Und da sie ohnehin schon alles besaßen, war ihr Wunsch auf Weinreben gerichtet. Der Herr gewährte ihnen diese Bitte.
Auf dem weiteren Weg konnte sich Petrus die Frage nicht verkneifen: „Herr, warum willst du den neidischen Leuten Wein wachsen lassen?“ „Sei beruhigt, Petrus“, entgegnete da der Herr, „sie werden daran nicht unbedingt ihre Freude haben!“ Soll doch der Lindauer Wein fast so sauer sein wie der schlesische, den selbst der Teufel nicht trinken konnte.

In dem nahe bei Lindau gelegenen Meersburg erzählt man sich diese Sage etwas anders:
Als Jesus und Petrus auf ihrer Wanderschaft in die Gegend kamen, wo später Meersburg entstand, lebten die Römer in dem Castell Marispurgum, während ringsum Kelten siedelten. Da die Bitte der Wanderer um Unterkunft und Verpflegung von den Kelten barsch abgewiesen wurde, wandten sie sich zu den Römern. Obwohl unerkannt, wurden sie hier herzlich aufgenommen und bewirtet. Als sich Jesus und Petrus von ihren Gastgebern schließlich verabschiedeten, schenkte ihnen der Herr Weinreben. Die Römer wussten dieses göttliche Geschenk wahrlich gut zu nutzen. Denn zusammen mit den Reben entwickelte sich auch der spätere Ort Meersburg prächtig.

Der gespenstische Winzer zu Loschwitz

Auf dem früheren Preißlerschen Weinberg am Dresdner Elbfußweg nach Loschwitz sowie in dem um 1560 erbauten Gehöft ging es einst um. Ein alter Mann in der von den Winzern in der Erbauungszeit des Gehöftes getragenen Tracht kam oft um die Mittagszeit von der Seite, wie vom Berg herab, in den Hof. Dort öffnete er die auf denselben gehende Tür zur Winzerstube, schaute hinein und verschwand dann wieder. Einer in dem Haus wohnenden Frau soll er auch in dem Kellerraum erschienen sein. Obwohl er ihr nichts getan hat, erschrak sie so sehr, dass sie eine schlimme Krankheit, die so genannte Rose, bekam. Warum der alte Winzer umging, vermag niemand mehr zu sagen. Man weiß nur, dass er sich nach dem Abriss des alten Gebäudes nicht mehr hat sehen lassen.

Die Reliquie des hl. Benno

Wie sooft zu seinen Lebzeiten war der Meißner Bischof Benno unterwegs und hatte dabei nicht auf die Zeit geachtet. So musste er befürchten, dass bei seiner Rückkehr die Stadttore von Meißen bereits geschlossen sein könnten. Er beschloss deshalb, um den Weg abzukürzen, gleich über die Elbe zu gehen. Aus einem Weinberg ergriff

er einen abgebrochenen Weinpfahl und zeichnete ein Kreuz über den Fluss. Dann stützte er sich auf den Weinpfahl und schritt voller Gottvertrauen über den Fluss. Dabei benetzte das Wasser nicht einmal seine Füße.
Der Weinpfahl, auf den sich der Bischofs bei seinem Gang über die Elbe stützte, wurde später als einzige Reliquie des Heiligen im Meißner Dom aufbewahrt und bis zum beginnenden 19. Jahrhundert den Besuchern gezeigt.

Wie der Wein an die Mosel kam

Der Überlieferung nach soll der Moselwein seinen Ursprung den alten Franken verdanken. So erzählt man sich, dass Merowig, König der Westfranken, einst zwölftausend Bewohner des Mosellandes in das morgenländische Franken geführt und aus diesem wiederum zwölftausend Einwohner in das Moselland gebracht habe. Diese östlichen Franken waren gute Winzer, und von ihrem Wein ging der Spruch: Frankenwein – Krankenwein. Will heißen, derselbe sei selbst Kranken heilsam. Deshalb verwundert es auch nicht, dass die Franken vor der Umsiedlung ihrem heimatlichen Boden edle Reben entnahmen und diese an den Hängen ihres neuen Vaterlandes anpflanzten. Daselbst gediehen sie gar vortrefflich. Und gar bald machte auch von dem Moselwein folgender Spruch die Runde: Vinum Mosellanum fuit omni tempore sanum, zu Deutsch: Moselwein soll allzeit gesund gewesen sein.

Reiler vom heißen Stein

Gar schon manchmal war einem der Pfalzgrafen – die Sage verschweigt seinen Namen – der Leichtsinn fast zum Verhängnis geworden. Einmal, als er wieder beim fröhlichen Zechen war, trieb er es jedoch auf die Spitze. Angetan von seinem Wein, wettete er mit dem Teufel, dass der beste Wein der Welt rings um sein Stammschloss in der Pfalz wachse. Darauf könne er getrost seine Seele verpfänden. Der Teufel war einverstanden und ließ ihm zwei Tage später einen so

köstlichen Wein kredenzen, dass der Pfalzgraf die Wette verloren gab. Voller Reue dachte er an seine so leichtfertig aufs Spiel gesetzte Seele. Der Teufel muss wohl gerade einen guten Tag gehabt haben, denn er meinte großmütig: „Wenn Ihr, Herr Graf, mir binnen eines Jahres einen köstlicheren Wein vorsetzt als den meinigen, so sollt Ihr Eure Seele wiederhaben!"
Tag für Tag sandte nun der Graf seine Mundschenken in alle Welt, um nach einem derartigen Wein zu suchen. Aber keiner der Weine konnte dem Teufel genügen. Als sich die vereinbarte Jahresfrist dem Ende zuneigte und alle Versuche des Grafen erfolglos geblieben waren, war sich der Teufel dessen Seele sicher. Genüsslich schürte er deshalb auch schon an der Mosel das Feuer unter dem Reiler Schiefer. Dadurch gedieh dort, von der Höllenglut auf wunderbare Weise gewärmt, ein so köstlicher Wein, wie auch der Pfalzgraf noch keinen gekostet hatte. Sofort rief er da den Teufel herbei und forderte ihn auf, von diesem Tropfen zu kosten. Der Teufel nippte zuerst nur, trank dann aber in vollen Zügen den dargereichten Becher leer. Dann rief er dem Grafen zu: „Verdammt, diesen Wein hat dir der Himmel geschenkt! Ich gebe die Wette verloren!" Dann fuhr er zischend und fauchend davon. Der Pfalzgraf aber gab dem Wein, durch den seine Seele gerettet worden war, den Namen Reiler vom heißen Stein.

Karl der Große und die Rüdesheimer Weinberge

Als Kaiser Karl der Große einstmals im winterlichen Ingelheim weilte, wehte der Nordwind scharf über den Rhein. Zudem war ringsum alles tief verschneit. Zu seiner Verwunderung bemerkte aber der Kaiser, dass bei Rüdesheim die gen Süden gelegenen Berghänge schneefrei im hellen Sonnenschein glänzten. Als er dies nun mehrfach wahrnahm, dachte er: „Wie herrlich muss auf jenen Höhen die Rebe gedeihen!"
Im folgenden Frühling schickte deshalb der Kaiser einige Reitknechte nach Orleans, um von dort Setzreben zu holen. Diese Reben ließ er auch sogleich in den gerodeten Abhang des Rüdesheimer Berges einsenken. Das Vorhaben stand unter einem guten Stern. Denn bald

schon sprossen sie frisch empor, und nach dreieinhalb Jahren konnte man dem Kaiser den ersten Rüdesheimer Most reichen.
Sobald der Wein im Fass gereift war, veranstaltete Karl der Große in Ingelheim eine große Weinprobe. Gar wohl mundete dabei den Herren der feurige Wein vom Vesuv und aus Griechenland, auch der aus Burgund und der Moselwein bekamen viel Lob. Aber den Preis vergaben die Herren schließlich dem Rüdesheimer. Denn er war stark wie jene, aber duftreicher als alle zusammen. Und so ist der echte Rüdesheimer noch heute!
Seither schwören auch alle Winzer darauf, dass in einem guten Weinjahr Kaiser Karl der Große zur Zeit der Rebenblüte seine Gruft in Aachen verlasse, das Rheinufer entlangschreite und die Reben segne.

Vom Alter des Weinbaus an Saale und Unstrut

Der erste sichere Nachweis über den Weinbau an der Unstrut stammt aus dem Jahre 998. Er findet sich in einer Urkunde des Kaisers Otto III. über die Schenkung von sieben Orten mit ausgedehnten Weinländereien an das Kloster Memleben.
Der Überlieferung nach ist der Weinbau aber schon viel früher in dieser Gegend betrieben worden. So wird erzählt, dass die Königspfalz in Memleben bereits vordem der Lieblingsaufenthalt der damaligen Herrscher gewesen sei. Weiter wird gesagt, dass bei den dabei gefeierten Festen auch viel des von den Mönchen angebauten Unstrutweins getrunken worden sei.
Übrigens haben die Mönche im gesamten Saale-Unstrut-Gebiet einen großen Anteil an der Förderung des Weinbaus. So sollen es die Mönche des 1137 gegründeten Klosters Pforta gewesen sein, die das mittlere Saaletal und das Gebiet an der unteren Unstrut, wo auch das heutige Weinbaugebiet liegt, als erste urbar gemacht und Reben gepflanzt haben.

„Alde Gott"

Im mittleren Schwarzwald, in der Ortenau, liegt der Ort Sasbachwalden. Eine seiner besten Weinlagen trägt den Namen „Alde Gott". Wie es zu dieser eigenartigen Benennung kam, wird in folgender Sage erzählt:
Durch den Dreißigjährigen Krieg und seine schlimmen Folgen waren viele Landstriche regelrecht entvölkert worden. Deshalb war auch ein junger Mann nach Kriegsende auf der Suche nach einer Frau schon lange umhergeirrt. Aber schließlich traf er in der Gegend des heutigen Ortes Sasbachwalden doch noch auf ein hübsches junges Mädchen. Vor lauter Freude soll er da ausgerufen haben: „D'r alde Gott lebt noch!" Beide fanden Gefallen aneinander und heirateten auch bald darauf. Zur ewigen Erinnerung an ihre Begegnung stifteten sie einen Bildstock mit dem obigen Ausspruch. Dieser Bildstock blieb in den Weinbergen erhalten und soll ihnen den Namen gegeben haben.

Der Groroder Hof

Ein junger Grafensohn aus dem Lahngau verliebte sich vor langer Zeit in ein Mädchen niederer Herkunft. Da er nicht von ihr lassen konnte und wollte, wurde er von seinem Vater verstoßen. Doch als er davongegangen war, kam ein Unglück nach dem anderen über die Familie des starrsinnigen Vaters. Als schließlich von der einst so zahlreichen Familie nur noch der alte Graf am Leben war, bereute dieser, dass er einst so hart gegen seinen ältesten Sohn gewesen war. Zwar sandte er nun in alle Himmelsrichtungen Boten aus, um seinen Sohn zu suchen. Doch als auch diese ihm keine Kunde zu bringen vermochten, begab er sich selbst auf die Suche. Überall suchte er – am Rhein sowie in den benachbarten Flusstälern und Gebirgen.
Auf seiner Wanderung kam er eines Tages in der Nähe von Schierstein ermüdet an ein einsames Winzerhaus, wo er um Zehrung und um ein Nachtlager bat. Die Frau reichte ihm Trauben und Brot in einer irdenen Schüssel. Wenig später kam auch der Winzer mit dem Karst auf der Schulter heim und entbot dem Gast ebenfalls ein herzliches Willkommen. Doch als der Alte den Winzer genauer betrachtete, entdeckte er gar wohl bekannte Züge an ihm. Bald war ihm klar,

dass er vor seinem ehemals verstoßenen Sohn stand. Er fiel ihm um den Hals und dankte Gott, dass er wieder einen Stammhalter hatte.
Der Sohn aber weigerte sich, dem Vater in die alte Heimat zu folgen. Denn der Weinberg, der all die Zeit ihn, seine Frau und die Kinder ernährt hatte, war ihm ans Herz gewachsen. So ließ er schließlich auf dem darüber liegenden Berg eine Burg erbauen, die er mit den Seinigen bezog. Das alte Gehöft aber nannte man zur Erinnerung daran, dass einst ein Graf das Feld dazu gerodet hatte, den Grafenroder oder schlichtweg Groroder Hof.
Zum Gedenken daran, was lange Zeit sein Lebensinhalt war, wählte der Sohn einen bärtigen Mann im kurzen schwarzen Rock, auf der Schulter eine Rodehacke tragend, zum Helmkleinod. In der alten Kirche zu Schierstein sind Grabmäler einzelner Glieder dieses Geschlechts erhalten geblieben.

Merkwürdige Frösche

Einem Weinhäcker aus Schweinfurt begegnete einmal unterhalb Petersstirn an der Mainleite etwas sehr Seltsames. Er war mit seiner Frau damit beschäftigt, einen Weinberg unmittelbar unter der Trümmerstätte zu brechen. Plötzlich hackte die Frau bei jedem Schlag in den Boden einen Frosch heraus. So mochte sie wohl fünf oder sechs dieser Tiere herausgehackt haben, als ihr dies zu viel wurde. Zornig rief sie schließlich ihrem Mann zu: „Pfui Teufel, was sind denn das für garstige Frösche!“ Danach kam kein Frosch mehr zu Tage. Doch als der Mann näher kam, um die Frösche zu betrachten, sah er keine. Dafür leuchteten ihm so viele Goldstücke entgegen, wie die Frau zuvor Frösche aus dem Weinberg ausgehackt hatte. Er hob die Goldstücke auf und schimpfte seine Frau tüchtig aus, weil sie nicht stillschweigend weitergearbeitet hatte. Zwar strengten sich nun beide gewaltig an, aber es ließen sich fortan weder Frösche noch Goldstücke sehen.

Bestrafte Feiertagsarbeit

Im Badischen liegt der Ort Weingarten. Auf dem Turmberg geht immer am Ostersonntag in der Mittagsstunde zwischen elf und zwölf Uhr ein geisterhafter Mann in seinem ehemaligen Wingert um und liest Rebschnitzel auf. Dies ist die Strafe dafür, dass er es zu Lebzeiten einmal ebenso gemacht und so den Feiertag entheiligt hat.

Einst sprach ihn ein Junge, der die Erscheinung nicht kannte, auf die Feiertagsarbeit hin an. Da bewarf ihn der Geist mit einer Hand voll Rebschnitzel, die eitel Feuer waren.

Warum ein Wein Liebfraumilch genannt wird

In Worms wird auf einem Rebengelände, welches um die Kirche zu Unser Lieben Frau liegt, der liebliche Liebfraumilch-Wein angebaut. Wie es zu dem Namen Liebfraumilch kam, wird in folgender Sage erzählt:

Ein alter Edelmann aus Burgund war sehr dem Wein ergeben, hatte aber ansonsten ein frommes Gemüt. Auch gab er gern und reichlich Almosen. Dies ärgerte den Teufel, welcher in der damaligen Zeit noch darauf bedacht sein musste, Seelen zu überlisten. Und so beschloss er, dem Ritter einen bösen Streich zu spielen und seine Seele durch dessen Schwäche zu umgarnen. Er verkleidete sich auch bald darauf als pilgernder Ritter und machte sich mit dem Edelmann bekannt. Als dabei Letzterer von der Güte seines Weines erzählte und seinem Gast einen mächtigen Humpen davon vorsetzte, war die Stunde für den Satan gekommen. Durch seine Beschreibung eines Weines, den er im Süden getrunken haben wollte, wusste er es dahin zu bringen, dass der weingierige Edle alles versprach, um nur einen ebensolchen Wein zu bekommen. Der Fremde erbot sich daraufhin, dem Ritter einen derartigen Weinberg in der Wormser Pflege anzulegen, natürlich nur gegen einen Solowechsel auf die Seele des Ritters.

Der Weinberg baute sich nun auch wie durch Zauberhand an, und die Kreszenz des ersten Herbstes war so köstlich, dass ihn der Edle in weintrunkener und weinseliger Laune trotz aller Mahnungen des

Teufels Liebfraumilch taufte. Meinte er doch, etwas besseres als diesen Wein könne es gar nicht geben.
Der Teufel machte bei diesem Namen freilich ein grimmiges Gesicht. Aber schließlich tröstete er sich mit der zu erwartenden Seele des Edelmanns. Aber auch hierin hatte er sich getäuscht. Denn Maria, die sich des im Herzen guten Ritters erbarmte und auch dankbar für dessen Widmung des Weinbergs war, schickte zu der Zeit, als der Teufel seinen Wechsel einlösen wollte, eine Schar Engel, die den Satan vertrieb. Der Ritter aber erkannte mit einem Schlag, wie der Wein dem Bösen Tür und Tor zu öffnen vermag und baute Unser Lieben Frau in seinem Weinberg eine kleine Kapelle. Unter ihrem Schutz soll er sich noch viele Jahre dieses Weines erfreut haben.

Der Steinberg ist goldwert

Man sagt, dass einstmals fremde Bergleute zu dem damaligen Bischof von Würzburg kamen. Sie boten diesem an, aus dem Steinberg, auf dem die Reben für den berühmten Steinwein wachsen, Gold zu fördern. Der Bischof wies jedoch lachend das Ansinnen der Bergleute zurück. Meinte er doch – und sicher zu Recht – dass dieser Berg schon genug Gold mit seinem Rebensaft bringe.

Zeltinger Himmelreich

Wer einmal eine Moselwanderung unternommen und dabei auch Zeltingen besucht hat, wird verstehen, warum die Zeltinger Weinberge den Namen Zeltinger Himmelreich führen. Glaubt man doch nicht anders, als dass der Ort mit seiner altehrwürdigen Pfarrkirche und seinen prächtigen, sonnenverwöhnten Weinlagen mitten im Himmel liege.
Man erzählt, dass Kaiser Karl der Große – der als vorzüglicher Weinkenner gilt – gern am kurkölnischen Hof weilte, um sich den Wein aus dem Zeltinger Himmelreich munden zu lassen. Übrigens soll man diesen Wein dort bereits im 6. Jahrhundert kredenzt haben.

Vorzeichen für eine gute oder eine schlechte Weinernte

In früheren Zeiten war der Glaube an bestimmte Vorzeichen für eine gute oder schlechte Weinernte sehr verbreitet[4].
So beobachtet man vor allem am Urbanustag (25. Mai) sehr aufmerksam das Wetter. Denn ist es hell, dann wird auch der Wein gut. Man sagt St. Urban auch deshalb eine besondere Beziehung zum Wein nach, weil er sich einst bei der Christenverfolgung in einem Weinberg versteckt hat. Aus Dankbarkeit schützt er fortan die Trauben vor Hagel und den Wein im Keller vor dem „Kahnigwerden".
In Freiburg erzählt man sich, dass früher in der Christnacht genau um die Mitternachtsstunde aus den Brunnen der Stadt Wein geflossen sei. Wenn dann noch das Brunnenmännlein mit einer Weintraube erschien, war man sicher, dass das kommende Jahr ein gutes Weinjahr wird. Aber auch um die Neujahrsmitternacht konnte man in Freiburg etwas über das kommende Weinjahr erfahren. Allerdings musste man dazu auf den Schlossberg zum Geis-, auch Silberbrunnen genannt, gehen. Erschien dann das Brunnenmännlein mit einem freundlichen Blick und hielt zudem drei Trauben in der einen sowie drei Ähren in der anderen Hand, stand ein gutes Jahr bevor. Waren jedoch die Hände des Männleins leer und zog es ein saures Gesicht, war ein schlechtes Jahr zu erwarten.
In Bahlingen am Kaiserstuhl zeigte der so genannte Hoselips, ein Weinmännlein, durch sein Erscheinen an, ob ein gutes Weinjahr bevorsteht. Einstmals hatte man das Männlein – sei es aus Dankbarkeit oder weil man es einfach nur immer sehen wollte – aus Holz geschnitzt und im Ratskeller auf ein Fass gesetzt. Als man es jedoch später an einen Mannheimer Weinhändler verkaufte, blieb im kommenden Jahr der Weinsegen aus. So musste man wohl oder übel für viel Geld das Weinmännlein wieder zurückkaufen.
Etwas unheimlicher war da aber schon das Erlebnis, das ein Jäger zu Beginn des Jahres 1832 in dem bei Karlsruhe gelegenen Hartwald hatte. Begegneten ihm doch dort nach Sonnenuntergang drei geisterhafte, weiße Gestalten. Obwohl der Mann vor Angst zitterte, konnte er dennoch deutlich vernehmen, was sie sagten. Die erste Gestalt sprach: „Wer wird all das Brot essen, das es dieses Jahr gibt?" Daraufhin ließ sich die zweite vernehmen: „Wer wird all den Wein trinken, der dieses Jahr wächst?" Schließlich die dritte: „Wer wird all die Toten begraben, die dieses Jahr sterben?" Wie sich herausstellte, gin-

gen all die Prophezeiungen in Erfüllung. Gab es doch in dem bewussten Jahr eine gesegnete Ernte, einen reichen Herbst und ein großes Sterben.
In Weinheim glaubt man, dass es einen guten Herbst gibt, wenn in der Johannisnacht der verstorbene Freiherr v. Bonn auf einem Schimmel von seinem Schloss in Birkenau bis zum Bonnhof in der Weschnitz reitet. Warum das aber so ist, weiß niemand mehr zu sagen.

Weinzauber

Nicht nur der Wein im Keller[5], sondern auch bereits die heranreifenden Trauben waren durch so manche böse Zauberei gefährdet.
So war in vielen Weinbaugebieten der Glaube verbreitet, dass Unholde des Nachts in fremde Weingärten gehen und dort die Reben schütteln. Durch diesen Frevel sollen die Trauben in die Weinberge des Unholds übergehen. Auch glaubte man daran, dass Hexen Reben holen und diese sieden würden, um den Weinberg, aus dem die Reben geholt wurden, zu verderben.

Vom früheren Weinbau in der Berliner Gegend

Einst war der Weinbau viel weiter nach Norden verbreitet als heutigentags. In der Mark Brandenburg soll der erste Weinbau bereits im Jahre 1173 erfolgt sein. Der Dichter Sabinus erzählt in einem Reisegedicht, dass an der Havel ein Berg stehe, der bis zu seinem Gipfel mit Reben bepflanzt sei. Diese würden einen ebenso guten Wein geben wie jene zu Wangirmen (Worms).

Von einem im brandenburgischen Mittenwald gelegenen ehemaligen Weinberg erzählt man sich, dass in diesem einst ein Mann einen Schatz versteckt habe. Um ihn später wieder zu finden, suchte er nach einem Zeichen, das er sich gut merken konnte. Da fiel sein Blick auf die Kirchturmspitze. Deshalb sagte er zu sich: „Der Schatz liegt an der Stelle, von der ich die Kirchturmspitze sehen kann!" Aber der Schatz liegt immer noch an der bewussten Stelle, denn man kann von vielen Stellen aus den Kirchturm sehen.

Ferner hat sich in der Überlieferung erhalten, dass der Kurfürst Joachim I. vor der von seinem Hofastrologen angekündigten Sintflut am 15. Juli 1525 aus seinem Berliner Schloss floh und Schutz in den damaligen Cöllnischen Weinbergen suchte.

Auch in der folgenden Sage spiegelt sich wider, dass es früher in der Berliner Gegend Weinanbau gegeben hat:

Vor geraumer Zeit gab es in Berlin eine Missernte nach der anderen. Es kam schließlich so weit, dass nicht einmal die neue Saat in der Erde keimte. Man führte dies auf das schlechte Wetter zurück, das gar kein Ende nehmen wollte. Reif und Schnee, Eisregen und Hagel wechselten einander ab; die Sonne glaubte man schon ewig nicht mehr am Himmel gesehen zu haben. Selbst die erfahrensten Bauern konnten sich die Ursache für dieses Unwetter nicht erklären.

Doch eines Abends kam der Wirt eines Gasthauses in Berlin der Sache auf den Grund. Bewohnten doch schon seit längerer Zeit zwei alte, etwas unheimliche Weiber ein Zimmer im obersten Stockwerk seines Hauses. Niemand wusste, wovon die beiden lebten. Auch gin-

gen sie nur aus dem Haus, wenn das Wetter besonders schlecht war. Beim Ausgehen trugen sie zudem immer nur schwarze Kleider und schienen sich besonders über Unwetter zu freuen. Der Wirt verwunderte sich zuerst darüber, dann aber beschloss er, die beiden zu beobachten.
Als sie wieder einmal einen Zuber Wasser verlangten, obwohl genügend Wasser zum Waschen im Zimmer war, trug der Wirt an Stelle des Hausknechts selbst das Gefäß in das Zimmer der Frauen. Da er jedoch dabei nichts Ungewöhnliches bemerkte, ging er in eine angrenzende Kammer und bohrte ein kleines Loch in die Bretterwand. Da sah er dann auch wenig später, dass die Frauen eine Zauberei begannen. Sie standen um den Zuber herum und streuten ein schwarzes Pulver hinein. Dann beratschlagten sie, welchen Schaden diesmal der Zauber anrichten solle. Schließlich meinten sie: „Dem Korn und dem Wein!“ Danach löschten sie das Licht und legten sich schlafen.
Der Wirt hatte sich alles genau gemerkt. Leise schlich er sich nun aus seinem Versteck und ging in das Zimmer der beiden Weiber. Dort packte er vorsichtig den Zuber mit dem Zauberwasser und schüttete es mit dem abgelauschten Zauberspruch über die Frauen. Sofort gerann das Wasser zu Eis, und die beiden Zauberweiber mussten in dem Panzer ersticken. Fortan hatte das Land Ruhe vor den Plagen des Wetters. Flur und Wein waren dank der Umsicht des Wirtes gerettet.

Der Gedenkstein im Weinberg bei Görlitz

Die Erinnerung an den früheren Weinanbau in der Gegend von Görlitz wird vor allem durch eine grausige Überlieferung aufrechterhalten:
Ein Schlossermeister in Görlitz hatte zu Fritz, dem eigenen Sohn, noch zwei Waisenkinder, einen Jungen, Robert mit Namen, und ein Mädchen, Marie gerufen, in die Familie aufgenommen. Alle drei wuchsen unter der Obhut des Meisters und seiner Frau gesund und fröhlich auf. Als jedoch Marie in die Blüte ihrer Jugend kam, verliebten sich beide Jungs, die inzwischen tüchtige Schlossergesellen geworden waren, in sie. Der aufkommenden Eifersucht konnte durch die vom Vater angeordnete Wanderschaft Einhalt geboten werden. Als sich dabei die beiden jungen Männer unterwegs trennten, machten sie aus, sich nach drei Jahren in der Schenke zu Ostritz zu treffen.

Dies geschah dann auch. Über die Freude des Zusammentreffens mit seinem Jugendgespielen merkte Fritz nicht, welche Veränderungen mit diesem inzwischen vorgegangen waren. In schlechte Gesellschaft geraten, hatte er sich sehr zu seinem Nachteil verändert. Als Fritz dann gar noch erzählte, dass er sich inzwischen brieflich mit Marie einig geworden sei, stiegen bei Robert allerlei böse Gedanken in den Kopf.

Während des Gesprächs waren die beiden Männer an den Weinbergen angelangt, die sich rechts und links der alten Poststraße zwischen Görlitz und Leschwitz (Weinhübel) erhoben. Als die Turmuhr die Mitternachtsstunde verkündete, erschlug Robert seinen Gefährten und verscharrte ihn in dem Weinberg. Am nächsten Tag begab er sich zu dem alten Meister, den er auf so schändliche Art um seinen Sohn gebracht hatte, trat bei ihm in Arbeit und wurde später Meister. Da Fritz verschollen blieb, heiratete er schließlich auch Marie. Mit zunehmendem Alter plagte ihn aber immer stärker das Gewissen, er wurde allzeit unsteter und mied Freunde und Bekannte.

Nach dreißig Jahren glaubte Robert eines Sonntags, dass es bereits halb Sechs geschlagen habe. Eilig sprang er aus dem Bett, um die um 6 Uhr beginnende Frühpredigt nicht zu versäumen. Eilig schritt er durch den in diesem Jahr frühzeitig gefallenen Schnee der Peterskirche zu. Als er jedoch dort ankam, war alles fest verschlossen. Als zudem die Glocke die Mitternachtsstunde verkündete, merkte er, dass er einer Täuschung anheim gefallen war. Da kam ihm aber auch zu Bewusstsein, dass er vor genau dreißig Jahren jene schauerliche Tat vollbracht hatte. Wie vom Donner betäubt wankte er wieder heim und legte sich zu Bett.

In den Morgenstunden klopfte es laut und vernehmlich an die Tür. Gerichtsdiener standen davor und brachten den erstaunten Meister schließlich gefesselt vor den Bürgermeister. Waren doch in der Nacht alle Opferkästen der Peterskirche erbrochen worden, und die Spur des vermeintlichen Täters war in dem Schnee leicht zu verfolgen gewesen. Als er nun wegen des Diebstahls verhört werden sollte, rief er: „Nein, ein Dieb bin ich nicht, aber ein Mörder!“ Nachdem er daraufhin das Verbrechen am Weinberg geschildert hatte und die Gebeine des Erschlagenen in geweihter Erde begraben worden waren, wurde er schuldig gesprochen und auf dem Untermarkt gerichtet.

An der Stelle der Untat wurde zur steten Erinnerung ein Gedenkstein errichtet.

Das Ende eines Weinfestes

Bis zum Jahre 1536 hielten die Gubener Weingärtner alljährlich zu Beginn des Frühlings und des Herbstes einen feierlichen Umzug durch die Weinbergsgassen. Voran schritten die Priester, und im Zug sangen die Menschen Lieder auf den Weingott und den Kaiser Rotbart, den Beschützer des Weinbaus. Doch als sich die Gubener von diesem heidnischen Brauch lossagten, erboste sich der Teufel darüber so sehr, dass er am 13. Oktober 1536 die Stadt mit einem großen Brand heimsuchte. Man erzählt sich, dass daraufhin besonders ängstliche Menschen den alten Brauch heimlich weiter gepflegt hätten.

Die versteinerte Jungfer

Vor langer Zeit lebte in Oberlützingen ein sehr reicher Edelmann. Er hatte keine Familie und kümmerte sich auch sonst um keinen Menschen. Zudem führte er ein ausschweifendes, lasterhaftes Leben. So kannte er auch keine Rücksicht, wenn er mit seinen Gesellen zur Jagd ritt und sie dabei der Weg durch die bestellten Äcker seiner Untertanen führte. Diese mussten vielmehr Tag für Tag hart arbeiten, damit der Adlige genug Geld für seine Vergnügungen hatte.

Zu dieser Zeit befand sich an der Südseite des Herchenberges ein Bauernhof. Dorthin ritt der Edelmann sehr oft, um die schöne Tochter des Bauern zu besuchen. Der Bauernhof gehörte zu einem in der Nähe gelegenen Kloster. Zusammen mit den dort lebenden Mönchen besaß der Edelmann einen Weinberg, um dessen Ertrag jedoch zwischen den beiden Parteien immer wieder Streit entbrannte und den Mönchen durch den Adligen mancher Schaden zugefügt wurde.

Nun erschien eines Oktobertages, gleich nach der Weinlese, ein Mönch bei dem Bauern, um den an das Kloster abzuführenden Anteil an dem Wein festzulegen. Da den Mönchen das Verhältnis zwischen der Tochter des Bauern und dem Edelmann nicht verborgen geblieben war, machte dabei der Mönch dem Bauern zugleich Vorwürfe, dass es ihm trotz dieser Beziehungen nicht gelungen sei, den Anteil an der gesamten Weinlese im Sinne des Klosters zu beeinflussen. Auch ermahnte er den Bauern, dass seine Tochter für immer von dem gottlosen Edelmann ablassen solle.

Doch während sie noch miteinander sprachen, sahen sie den Edelmann in großer Eile heranreiten. Der Mönch erkannte die Gefahr, in der er schwebte, zumal ihm jeder Fluchtweg abgeschnitten war. So lief er in den Keller hinab und verbarg sich hinter den Weinfässern.
Die Tochter aber, die dem Edelmann sehr zugetan war und die Ermahnungen des Mönchs nicht verstehen wollte, fühlte sich durch diesen in ihrer Eitelkeit verletzt. So erzählte sie ihrem Liebhaber das Vorgefallene und verriet ihm sogar das Versteck des Mönchs. In unbändiger Wut rannte da der Edelmann in den Keller und stürzte sich auf den Wehrlosen. Während der Mönch um Erbarmen und Gnade flehte, weidete sich das Mädchen an den Qualen des Mannes. In seiner Not und als alles Flehen nichts mehr helfen wollte, verfluchte der Mönch den Edelmann und das Mädchen. Er erhob seine Hand gen Himmel und rief: „Weil eure Herzen von Stein sind, sollt ihr beide ganz zu Stein werden! Niemals werdet ihr einander nahe kommen können!“
Doch die beiden lachten nur darüber, und der schlimme Edelmann erwürgte den Mönch. Da verfinsterte sich urplötzlich der Himmel über dem ganzen Land, und ein furchtbares Unwetter zog einher. Als es vorüber war, hatte sich der Fluch des Mönches erfüllt. Das Mädchen war in einen Felsen verwandelt worden, der über dem Südhang des Berges aufragt. Der Edelmann war ebenfalls zu grauem Gestein erstarrt, an der östlichen Seite des Berges stehend. Auch die Eltern überlebten diese Katastrophe nicht lange, sie starben schon bald darauf an einer tückischen Krankheit. Man sagt, dass es auch mit dem Weinberg fortan nicht mehr so recht vorangehen wollte und er bald zum Erliegen kam.

Der Runkeler Rote

Unter den Rittern, die einst mit Karl dem Großen über die Pyrenäen ritten und an der Schlacht im Tal von Ronceval teilnahmen, war auch einer aus der Gegend von Limburg an der Lahn. Als dieser glücklich wieder heimgekehrt war, baute er sich eine Burg, die er nach jenem Tal benannte, in dem die Schlacht stattfand. Aus Ronceval wurde im Laufe der Zeit Runkel. Der Ritter hatte zudem aus Spanien Rebensetzlinge mitgebracht. Diese gediehen gut und verbreiteten sich rasch. Aus ihnen wurde später der berühmte Runkeler Rote gekeltert. Erst nach einer verheerenden Rebkrankheit wurde er nicht mehr angebaut.

Wein in der Reinsburg

An den Hängen der warmen Muschelkalkberge im Arnstädter Land gedieh früher viel Wein. Noch heute tragen einige Flurteile den Namen Weinberg und halten die Erinnerung daran wach. Auch erzählt man sich, dass verborgen in den verschütteten Kellern der Reinsburg noch unermesslich große Mengen des daraus gekelterten Weins lagern. Wenn einst der Tag kommt, an dem sich der Berg auftut und die Felsen bersten, wird dieser Wein das Land überschwemmen und ganz Thüringen überfluten.

Der Schmiedeberg

Eine alte Flurbezeichnung an der Alteburg zu Arnstadt hieß Schmied oder Schmiedeberg. Hier baute man im Mittelalter Wein an. 1472 ist er in den Besitz des Arnstädter Jungfrauenklosters an der Liebfrauenkirche gekommen, ab 1518 soll er urkundlich als Klosterberg bezeichnet worden sein.

Wie es jedoch zu dem für einen Weinberg eigentümlichen Namen Schmiedeberg kam, ist in nachstehender Sage überliefert:

In Arnstadt wohnte einst ein reicher Schmied. Man erzählt sich, dass er sich jedoch ganz im Geheimen eines außerehelichen Verhältnisses mit einer angesehenen Jungfrau – nach anderen mit einer Nonne – schuldig gemacht habe. Um nun seiner dafür harrenden harten Strafe zu entgehen, übergab er dem Arnstädter Jungfrauenkloster seinen Weinberg an der Alteburg. Selbiger hieß zur Erinnerung an das Geschehen fortan Schmied oder Schmiedeberg.

Zudem war ihm noch als Strafe auferlegt worden, das Vortor zum Riedtor zu errichten. An dessen Schlussstein ließ er ein nacktes Kind ausmeißeln, das mit der einen Hand nach seinem ehemaligen Weinberg wies.

Hüt es!

Ein Thüringer ging einst an einem sonnigen Tag traurig an seinem Weinberg entlang. Er dachte mit Wehmut daran, dass es trotz aller Mühen einfach nicht gelingen wollte, einen guten Wein in die Fässer zu bringen. Er war einfach zu sauer. Doch plötzlich wurde ihm gar eigenartig zumute. Als er sich näher umschaute, erstarrte ihm fast das Blut in den Adern: Frau Holle, von der man ihm schon so viel erzählt hatte, stand vor ihm. Freundlich winkte sie den jungen Mann zu sich heran. Es gelang ihr auch, ihn zu bewegen, ihr von seinen Nöten und Sorgen zu erzählen. Schließlich meinte sie, dass sie ihm zwar auch nicht zu einem besseren Wein verhelfen könne. Aber als Trost reichte sie ihm zum Abschied einen Zettel. Dazu sagte sie: „Dies ist ein Rezept für ein Gericht, das seinesgleichen weit und breit sucht. Hüt es!"

Im gleichen Augenblick war er wieder allein. Wäre nicht der Zettel gewesen, er hätte alles nur für einen Traum gehalten. Schnell eilte er nun nach Hause und gab den Zettel seiner Mutter. Schon am nächsten Sonntag, als beide aus der Kirche kamen, ging die Mutter daran, ein Essen ganz nach dem Rezept von Frau Holle zuzubereiten. Seitdem gilt die Speise als Lieblingsgericht der Thüringer – es sind die berühmten Thüringer Klöse, landauf und landab als Hütes bezeichnet.

Der Dohlenstein bei Kahla

Am rechten Ufer der Saale erhebt sich, der Stadt Kahla gegenüber, ein 532 Meter hoher Berg, der Dohlenstein. Von ihm sind mehrmals große Teile abgestürzt, so auch im Jahre 1780. Dabei wurden die an den Abhängen des Dohlensteins gelegenen Weinberge vollständig verschüttet, wodurch der hier einst betriebene Weinbau zum Erliegen kam.

Der Bergsturz wird mit folgender Sage verbunden:

In alter Zeit hat auf dem Dohlenstein ein Schloss gestanden, dessen Bewohner sich durch Raub ernährten. Sie überfielen aber nicht nur dahinziehende Kaufleute, sondern sie warfen dieselben ins Verlies, um noch ein hohes Lösegeld zu erpressen. Zudem plünderten sie auch von Zeit zu Zeit die umliegenden Orte. Das Maß aber war voll,

als sie einstmals einen Priester überfielen, der mit den Sakramenten zu einem Sterbenden eilen wollte. Sie raubten ihm dabei nicht nur die heiligen Gefäße, sondern sie misshandelten auch noch den alten Mann.
Da sprach dieser einen schweren Fluch über das Raubgesindel aus. Zwar lachten diese nur darüber, doch als es Abend wurde, zogen drohende Wetterwolken heran. Ein furchtbares Unwetter begann zu toben. Als es Morgen wurde, war von dem Schloss auf dem Dohlenstein nichts mehr zu sehen. Die Erde hatte sich aufgetan und es mit Mann und Maus verschlungen. Noch heute soll es im Inneren des Berges verbannt mit seinen einstigen Bewohnern ruhen. Erst dann wird es wieder zum Vorschein kommen, wenn der Dohlenstein vollständig in die Saale abgestürzt ist.

Erinnerung an den früheren Weinbau in Saalfeld

Saalfeld soll einst ein bedeutendes Zentrum des Weinbaus gewesen sein. Auch wird berichtet, dass vielfach Mönche die Weinkultur gefördert haben. So sollen die Mönche der Benediktinerabtei einen Weinberg von allein 20 Acker an der über der Saale gelegenen Sommerwand des Kulm besessen haben. Doch als im Jahre 1588 ein gewaltiger Erdrutsch die gesamten Rebanlagen sowie das Kelterhaus und den Weinkeller verschüttete, wurde der Weinbau nicht wieder aufgenommen.
Es wird jedoch erzählt, dass der Erdrutsch zwar den Zugang zu dem Weinkeller verschütten, nicht jedoch dessen Gewölbe und die zahlreich darinnen lagernden Fässer vernichten konnte. Auch sagt man, dass sich an heißen Sommertagen zuweilen in der Nähe des Weinkellers ein Benediktinermönch sehen lasse. Dieser führe den erschöpften Wanderer in den Keller, wo sich dieser sodann an den dort lagernden Köstlichkeiten erfrischen könne. Aber auch von diesen Glücklichen hat danach keiner wieder den Eingang zu dem Weinkeller finden können.

Kirschen oder Wein

In dem im Werratal gelegenen Witzenhausen hat der Anbau von Kirschen eine lange Tradition. Man sagt jedoch, dass er lange Zeit mit dem in früheren Jahren wirtschaftlich ebenfalls bedeutenden Weinanbau um den Vorrang gestritten habe. Doch meinen gutwillige Spötter, es sei gut, dass die Witzenhausener heute ihren Kirschsaft trinken und den Wein woanders kaufen.

Von großen Fässern und guten Weinen

Der umgehende Kellermeister

Zu Beginn des sechzehnten Jahrhunderts war Uriel von Gemmingen Erzbischof zu Mainz. Er war ein durch viele Tugenden ausgezeichneter Mann, aber auch durch einen starken Jähzorn geprägt. Zu welch schlimmen Taten dies führte, wird in der folgenden Sage erzählt.

Der Erzbischof hatte einstmals in Aschaffenburg einen seiner Kellermeister dabei erwischt, wie dieser in der Nacht Wein aus dem erzbischöflichen Keller stahl. Da regte sich der Jähzorn so stark in dem Erzbischof, dass er einen in der Nähe liegenden Büttner-Schlägel ergriff und damit auf den Kellermeister einschlug. Dieser fiel daraufhin tot zu Boden. Diese Tat reute ihn zwar zutiefst, aber das Geschehene konnte er nicht wieder rückgängig machen. Aber er wollte dafür wenigstens büßen.

So ließ der Erzbischof die Nachricht verbreiten, dass er gestorben sei. Gleichzeitig brachte er es aber dahin, dass an seiner Stelle der erschlagene Kellermeister mit fürstlichem Pomp bestattet wurde. Der Erzbischof selber soll jedoch sein ferneres Leben in einem in fremden Landen gelegenen Kartäuser-Kloster in steter Buße verbracht haben.

Da aber der Kellermeister auf diese Weise ohne Beichte und ohne Absolution bestattet wurde, musste sein Geist fortan im Schloss von Aschaffenburg umgehen. Als nach dem Neubau das alte Schloss abgebrochen war, zeigte sich der Spuk im Garten des neuen Schlosses. Da Großherzog Carl einen Betrug dahinter vermutete, ließ er am Kellereingang, wo der Spuk am häufigsten zu sehen war, Wachen aufstellen. Als jedoch diese öfters bei der Ablösung ohnmächtig und halb tot aufgefunden wurden, wurde schließlich darauf verzichtet.

Bestrafte Feiertagsarbeit

Im Keller des Schönborner Hofes zu Aschaffenburg, und zwar unter dem Bau, der dem Freihof am nächsten liegt, befand sich früher ein großes Weinlager. Der Küfer, der es zu beaufsichtigen hatte, war so diensteifrig, dass er über seine Arbeit alles andere vergaß. So hämmerte er oft bis tief in die Nacht hinein an den Fässern herum.

Von dieser Arbeit ließ er sich auch einst am heiligen Weihnachtsfest nicht abhalten. Sowohl auf dem Weg zur Christmette als auch auf dem Nachhauseweg hörten ihn die Leute in dem Keller herumklopfen. Zur Strafe für die Schändung des heiligen Festes musste er nach seinem Tode stets zu klopfen beginnen, wenn die Glocken zur heiligen Christmette riefen. Es dauerte dann immer so lange, wie die Christmette währte.[6]

Wie der Weinkeller des Kurfürsten um vier Fässer ärmer wurde

Gegen Ende des 16. Jahrhunderts lebte in Berlin der Edelmann Joachim von Schapelow. Er war berühmt wegen seiner außerordentlichen Kräfte. Auch der Kurfürst lud ihn gern zu sich an den Hof, um Kraftstücke von ihm zu sehen. Als einstmals ein fremder Fürst zu Gast am Hof war, der ebenfalls einen bärenstarken Mann bei sich hatte, kam es zum Streit, wer wohl stärker sei. Schließlich wurde, um die Wahrheit zu erfahren, ein Kampf zwischen den beiden vereinbart. Dabei gelang es Schapelow, obwohl ein ganzes Stück kleiner als der Begleiter des fremden Fürsten, diesen nach kurzer Zeit niederzuringen.

Der Kurfürst gestattete nun Schapelow als Belohnung für seinen Sieg, aus seinem Keller so viel Wein heraufzuholen, wie er auf einmal forttragen könne. Doch was nun geschah, hatte der Kurfürst nicht geahnt: Schapelow brachte vier volle Fässer an. Je eins hatte er sich unter die Arme geklemmt. Von zwei weiteren hatte er die Spunde entfernt, um sie an den Spundlöchern mit den Fingern tragen zu können. Dem Fürsten war dieser Anblick nicht sehr angenehm. Aber sein Wort konnte er auch nicht mehr zurücknehmen. Aber sicherlich hat er Schapelow nicht ein zweites Mal in seinen Weinkeller gelassen.

Der Geist im Weinkeller

In dem westlich von Berlin gelegenen Bornim lebte einst ein Pfarrer, der seinen Dienst stets gut versah. Seine Gemeinde liebte er sehr, und so tat er für sie alles, was in seinen Kräften stand. Er konnte sich nicht einmal von der Gemeinde trennen, als er starb. Deshalb kam er auch oft als Geist in das Pfarrhaus von Bornim und prüfte, ob bei seinen Nachfolgern alles so lief, wie zu seinen Lebzeiten. Nun hätte dies die späteren Pfarrer nicht sonderlich gestört. Was ihnen jedoch unangenehm aufstieß, war die Vorliebe des Geistes des alten Pfarrers für den Weinkeller des Hauses. Machte man doch nach jedem Besuch die unliebsame Entdeckung, dass eine ganze Reihe von Weinflaschen leer war. Auch dies hätte man zur Not noch ertragen, wenn nicht alle anderen Flaschen nach dem Besuch die merkwürdige Eigenschaft bekamen, ihre Korken nicht mehr halten zu können.

Als zudem das Treiben des Geistes immer ärger wurde, war es mit der Geduld eines seiner Amtsnachfolger schließlich vorbei. Da er selbst den Geist nicht bannen konnte, holte man einen bekannten Geisterbanner. Dessen Bemühungen waren auch erfolgreich, und fortan hatte man sowohl im Pfarrhaus als auch in dessen Weinkeller Ruhe vor dem Geist des alten Pfarrers.

Die Hexen im Bremer Ratskeller

Ein Bauer im Norden unserer Heimat hatte für den Winter gut vorgesorgt, Speicher und Keller waren reichlich gefüllt. Aber wie es so geht! Eine alte Hexe hatte mit feinem Gespür die Schätze gerochen und sich vorgenommen, gemeinsam mit ihren Freundinnen dem Bauern einen Besuch abzustatten. Wie gedacht, so getan! Heimlich kamen die Hexen in der Nacht in das Bauernhaus und aßen das Beste von allem, was der Bauer an Vorräten angelegt hatte. Als aber durch den Besuch der Hexen die Pferde des Bauern unruhig wurden, stand der Knecht von seinem Lager auf, um nach der Ursache zu sehen. Da bemerkte er durch einen Spalt in der Küchentür die schmausenden Hexen, die gerade ihr Mahl beendet hatten. Nun wollten sie noch einen guten Trunk haben. Aber es fand sich in dem Haus kein einziger Tropfen Wein. Da meinte eine der Hexen: „Kommt, lasst uns nach dem Ratsweinkeller in Bremen gehen, dort haben sie Wein in Hülle und Fülle – und dazu keinen schlechten!" Die anderen waren einverstanden, und so zog eine von ihnen eine Schachtel mit Salbe aus ihrer Tasche. Gleich darauf schmierten sich alle mit der Salbe ein. Dann riefen sie:

„Über Busch und Baum,
über Bach und Strom,
nach Bremen bis in den Weinkeller!"

Danach waren die Hexen plötzlich wie fortgeblasen.
Nun traute sich auch der Knecht in die Stube. Als er die von den Hexen zurückgelassene Schachtel bemerkte, nahm auch er etwas von der Salbe und rieb sich damit ein. Aber er hatte nicht genau auf den Spruch geachtet, und so rief er:

„Durch Busch und Baum,
durch Bach und Strom,
nach Bremen bis zum Weinkeller!"

Den Knecht riss es daraufhin in rasender Fahrt fort. Aber durch den falschen Spruch war nicht nur seine Kleidung vollkommen nass und zerrissen, als er auf dem Bremer Marktplatz ankam und vor der verschlossenen Tür des Ratskellers stand, sondern er selbst war zudem überall tüchtig zerkratzt. Da war ihm der Appetit auf Wein gründlich vergangen, auch Hexensalbe hat er Zeit seines Lebens nicht mehr angerührt.
Als jedoch am anderen Morgen der Kellermeister sein Revier betrat, bemerkte er mit Entsetzen, dass das beste Fass bis auf die Nagelprobe gelehrt war. Manche meinen sogar, dass es ein Fass aus dem berühmten Rosekeller gewesen sei. Nun wurden zwar strenge Untersuchungen geführt, aber die Übeltäter konnte man nicht ausmachen.

Der Eberbacher Weinkeller

Ein guter Wein braucht gute Fässer zum Ausreifen. Das wusste auch Abt Johannes aus dem Geschlecht der Bode von Boppard. Deshalb gab er 1485 Anweisung, für den edlen Steinberger ein besonders großes Fass zu bauen. Im Jahre 1500 wurde es zum ersten Mal gefüllt. Es fasste nach unseren heutigen Maßen etwa vierzigtausend Liter. Doch schon etwa zwei Jahrzehnte später soll das Fass zum Leidwe-

sen des Kellermeisters bis auf den letzten Tropfen durch die aufständischen Bauern geleert worden sein. Zwar wollten dabei einige besonders Kühne das große Fass sogar aus dem Eberbacher Weinkeller bis auf den „Wachholder", wo die Bauerntrupps lagerten, zurollen. Doch da dazu auch die stärksten Schröter nicht in der Lage waren, wurde der Wein in kleinere Fässer umgefüllt, die auf Ochsenkarren verladen wurden.
Übrigens erzählt man sich, dass durch die Wirkung des Weins aus dem Eberbacher Keller ein Aufständischer nach dem anderen das Lager auf dem Wachholder verlassen habe. So kam es, dass schließlich das anrückende Ritterheer nur noch ein verlassenes Lager vorgefunden haben soll.

Der Beigeschmack

Dass der Wein der Eberbacher Mönche aber auch etwas Besonderes gewesen sein muss, hat sich in vielen weiteren Überlieferungen erhalten. So sagte man den Mönchen nach, dass sie durch den ständigen Umgang mit dem edlen Rebensaft besondere „Weinzungen" bekommen hätten:
So probierte einstmals der Bruder Kellermeister ein Fässchen der edelsten Steinberger Sorte. Der Wein mundete ihm vortrefflich, er war ausgereift und vollmundig. Doch fand der Kellermeister, dass der Wein dennoch einen fatalen Beigeschmack habe. Er kostete daraufhin immer und immer wieder. Schließlich vermeinte er es herausgefunden zu haben: Der Wein schmeckte leicht nach Leder.
Da rief er nach dem Bruder Küchenmeister, von dem man sagte, dass er nach dem Bruder Kellermeister die beste Weinzunge im Kloster hätte. Als er erschien, gab ihm der Kellermeister einen Becher von dem herrlichen Wein zu kosten. Er kostete auch Schluck für Schluck, kaute lange auf jedem herum und meinte dann: „Der Wein ist hervorragend, aber er hat einen kleinen Beigeschmack von Eisen." Der Kellermeister guckte erstaunt und fragte: „Wie kommst du denn auf Eisen? Nach Leder schmeckt er!"
Nun probierten beide nochmals. Dabei schüttelten sie immer wieder den Kopf über die ihrer Auffassung nach sonderbare Meinung des anderen. Da sie aber zu keiner Übereinstimmung kamen und so immer weiter probieren mussten, war schließlich eines Tages das Fäss-

chen leer. Der Bruder Kellermeister hob es noch in die Höhe, um auch den letzten Tropfen herauszulassen. Da rappelte etwas in dem Fässchen. Als er daraufhin das Spundloch nach unten kehrte, fiel ein kleiner Schlüssel mit einem Lederbändchen heraus. Da lachten die beiden Mönche so recht von Herzen und schlugen sich auf die Schultern. Hatten doch schließlich beide Recht gehabt. Den Schlüssel und das Lederbändchen vergruben sie noch am gleichen Tag im Klostergarten, damit diese nie wieder in ein Weinfass fallen konnten.

Das gewonnene Weinfass

Dem Halberstädter Bischof Heinrich Julius diente in Gröningen ein treuer und redlicher Schäfer. In dessen Herde befand sich ein stattlicher Widder, den der Bischof von allen Tieren am meisten liebte und den der Schäfer auch besonders gut pflegte. Der Schäfer aber war sehr arm. Besonders schlimm war für ihn dabei, dass ihn seine Braut Susanne erst heiraten wollte, wenn er reicher geworden sei und ein Häuschen bauen konnte. Da fasste sich Konrad ein Herz und bat seinen Herrn um Hilfe. Doch dieser ging nicht auf die Bitte ein. Vielmehr meinte er, wenn Susanne ihn wirklich liebe, dann würde sie ihn auch so heiraten, wie er ist.

Einst bekam Heinrich Julius Besuch von einem fremden Bischof. Beide ritten während des Aufenthaltes auch hinaus zum Schloss Gröningen. Als sie beim Wein saßen, erzählte der Gast von einem großen Weinfass, das man bei ihm daheim am Rhein gebaut habe. Schließlich meinte er, dass der Halberstädter Bischof eigentlich auch ein solches haben müsste. Doch dieser erwiderte, dazu fehle ihm das Geld. Im weiteren Gespräch kamen die beiden Herren auf die Treue und Redlichkeit ihrer Diener zu sprechen. Da meinte der Gast des Bischofs, dass es ganz zuverlässige und treue Diener überhaupt nicht mehr gäbe.

In diesem Moment zog der Schäfer Konrad mit seiner Herde vorbei. Da meinte der Halberstädter Bischof, dass er seinem Gast nicht zustimmen könne. „Seht jenen Schäfer dort. Von ihm glaube ich nicht, dass er irgendein Unrecht gegen mich oder mein Eigentum begehen würde. Er würde es nicht einmal von anderen dulden." Dann rief er seinen Lieblingswidder herbei und erzählte, wie gern er das Tier habe.

Als der Schäfer mit seiner Herde weitergezogen war, meinte der Bischof vom Rhein: „Ich wette, dass auch dieser Schäfer kein treuer Diener ist!“ Heinrich Julius hielt dagegen, stimmte jedoch einer Wette zu. Beide vereinbarten, dass der Verlierer der Wette dem anderen ein großes Weinfass bauen müsse.
Nun hatte der fremde Bischof einen schlauen, hinterlistigen Diener. Diesen rief er heimlich zu sich und sagte: „Sieh zu, dass du den Schäfer dazu bringst, mir den Widder zu verkaufen, er es aber bei seinem Herrn ableugnet!“ Der Diener machte sich nun auch sogleich an die Ausführung seines Auftrages. Bald hatte er die Freundschaft des Schäfers gewonnen und sich in dessen Vertrauen eingeschlichen. So wusste er auch sehr schnell, wo Konrad der Schuh drückt. Der Diener kam gleich darauf mit einem prall gefüllten Beutel voller Goldstücke zurück und war sich sicher, den Widder zu bekommen. Doch Konrad erteilte ihm so eine Abfuhr, dass der Diener nicht wusste, wie ihm geschah. Als jedoch Konrad am Abend seiner Braut von dem Vorfall erzählte, bekam er statt des erhofften Lobes nur Schelte. Sie warf ihm an den Kopf, dass ihm ein Schaf wichtiger sei als ihre Liebe. Zuerst überstand Konrad auch dieses. Als aber seine Braut immer stärker in ihn drang und meinte, er brauche doch nur dem Bischof zu sagen, der Widder sei ertrunken, und sie hätten ihr lang ersehntes Glück, gab er schließlich nach. Gemeinsam mit der Jungfrau konnte so der Diener den Widder an einen verborgenen Ort schaffen.
Nun dauerte es auch nicht lange, und der Halberstädter Bischof rief nach seinem Lieblingswidder. Als dieser aber nicht erschien, wurde der Schäfer gerufen. „Nun, Konrad, was ist los? Wo ist das Tier? Ist es krank oder gar tot?“, fragte besorgt der Bischof. Als er auf den vor Angst erblassenden Konrad sah, glaubte der fremde Bischof seine Wette bereits gewonnen. Doch es kam anders! Der Schäfer konnte nicht lügen, und so berichtete er zwar stockend, aber wahrheitsgemäß, wie alles geschah. Zunächst stutzte der Halberstädter Bischof, dann aber rief er lachend aus: „Na, Herr Bruder, das war wohl die Probe auf des Schäfers Redlichkeit?“ Seine Wette hatte der Gast verloren, und so kam der Halberstädter Bischof zu dem großen Fass, das 132 760 Liter gefasst haben soll. Als das Gröninger Schloss verfiel, bekam der Domherr Freiherr von Spiegel die Erlaubnis, das Weinfass für sein Jagdschloss in Halberstadt zu übernehmen. Dort ist es dann auch geblieben.

Der Ring am Heidelberger Schlosstor

Am Haupttor des Heidelberger Schlosses hängt ein dicker Ring aus Eisen. Es geht die Sage, dass derjenige, der ihn durchzubeißen vermag, das Schloss mitsamt dem berühmten Weinkeller zum Lohne erhält. Aber alle haben es bisher vergeblich versucht. Selbst einer alten Hexe war es nicht gelungen. Allerdings ist zumindest von ihrem Biss der heute noch zu sehende Ritz in dem Ring geblieben.

Das große Fass auf der Festung Königstein

Beflügeln schon „normale“ Fässer, gefüllt mit köstlichem Wein, des Menschen Herz und Sinne, welch großer Reiz vermag da von den in gewollter Untertreibung als großes Fass oder als Riesenfass bezeichneten „Gefäßen“ ausgehen?

Nun ist sicher jedem Weinfreund das große Fass zu Heidelberg bekannt. Aber weitaus weniger wissen, dass einst auf der sächsischen Festung Königstein ein noch größeres stand. Mit einem Inhalt von 250 000 Litern fasste es etwa 37 000 Liter mehr als sein berühmter Bruder in Heidelberg. Zudem war auf dem Königsteiner Fass obenauf ein Podium, auf dem 30 Paare tanzen konnten.

Übrigens sollen beide Fässer das Ergebnis eines Wettstreites zwischen dem Kurfürsten von der Pfalz und dem sächsischen Kurfürsten sein. Man sagt, dass im Jahre 1586 der Pfälzer ein Weinfass mit 1185 Hektolitern Wein besessen habe. Das ließ dem Kurfürst von Sachsen keine Ruhe, und so entstand 1624 das erste Fass auf der Festung Königstein mit einem Fassungsvermögen von 1450 Litern. Damit wollte sich jedoch der Pfälzer nicht abfinden. 1666 wurde daraufhin in Heidelberg ein größeres Fass gebaut, das wiederum 1680 von den Sachsen überboten wurde. Da dieses aber bald verfiel, entstand 1725 das bereits erwähnte dritte Fass. Das gegenwärtig in Heidelberg noch zu besichtigende Fass wurde 1851 gefertigt.

Übrigens wurde die Absicht, das Königsteiner Fass zuerst mit 1724er Rheinwein zu füllen, verworfen. War doch der Küfer der Meinung, dass dieser Wein zu heftig sowie zu gärig sei, leicht wieder ins Brausen kommen und so dem Fass schaden könne. Deshalb füllte man es schließlich mit Meißner Landwein. Man erzählt jedoch, dass das Fass nur ein einziges Mal mit 250 000 Litern gefüllt worden sei.

Viel Freude soll das Königsteiner Fass dem sächsischen Hof aber nicht bereitet haben. Der Verfall schritt schnell voran. Schließlich wurde in das leere Fass ein Gerüst eingebracht, in dem ein kleines Fass mit einem Fassungsvermögen von sieben Eimern aufgehangen wurde. So konnte den Besuchern wenigstens noch ein Glas Wein aus dem Riesenfass kredenzt werden. Doch bereits 1819 hatte die letzte Stunde des großen Fasses auf der Festung Königstein geschlagen, es wurde zerlegt.

Dr. Faustus Fassritt

Vor über 350 Jahren kam der Teufelsbündner Dr. Faust mit einigen Studenten aus Wittenberg nach Leipzig. Und da die Messe gerade begonnen hatte, besahen sie sich nicht nur die Universität, sondern auch die Messestände. Ihr Gang durch die Stadt führte sie schließlich an einem Weinkeller vorbei. Mehrere Schröter oder Weißkittel, wie man damals die Knechte nannte, mühten sich hier, ein Fass von ungefähr 16 oder 18 Eimern aus dem Keller zu bringen. Aber es gelang ihnen nicht. Faust ging auf sie zu und sagte: „Was stellt ihr euch nur so täppisch an! Könnte doch einer allein das Fass aus dem Keller bringen, wenn er sich nicht so ungeschickt anstellen würde wie ihr alle zusammen!“
Das hörten natürlich die Schröter nicht gern, und da sie nicht wussten, wen sie vor sich hatten, gaben sie es Faust mit derben Worten zurück. Dies ging hin und her, bis der Wirt hinzukam. Als er hörte, worum der Streit ging, sagte er zu Faust und den anderen: „Wohlan! Wer von euch das Fass allein aus dem Keller bringt, dem soll es gehören!“
Das hatte Faust nur hören wollen. Sogleich ging er in den Keller und setzte sich auf das Fass, gleichsam als ob es ein Pferd sei. Dann ritt er damit schnell aus dem Keller, dass allen Leuten Hören und Sehen verging. Auch der Wirt war erschrocken, hatte er doch nicht geglaubt, dass so etwas möglich sei. Aber er hielt sein Wort und überließ Faust das gefüllte Fass.
Dieser spendierte es seinen Gesellen, die noch Freunde dazuluden. So hatten diese gute Tage und wussten das Glück zu Leipzig zu rühmen.

Spuk im Schloss Mainberg

Das alte Schloss Mainberg liegt in einer Stunde Entfernung von Schweinfurt über der nach Bamberg führenden Straße. In dem Schloss gibt es tiefe und geräumige Keller, in denen früher die Grafen von Henneberg ihre Weinvorräte lagerten. Später hat man auch noch die herrschaftlichen Zehntweine darinnen aufbewahrt.
Von diesen Kellern sagt man, dass es darinnen früher stark gespukt haben soll. Oft hat man in der Nacht ein starkes Rumoren vernommen, gleichsam, als ob Büttner darinnen arbeiten würden. Wenn man aber nachsah, konnte man nichts entdecken, und es war totenstill.

Bestrafter Vorwitz

Ein Küfermeister war einstmals nach Maring gerufen worden, um einige anstehende Arbeiten zu verrichten. Während er die Fassdauben riss, sprach er kräftig dem angebotenen Wein zu. So war er schließlich auch nicht mehr ganz nüchtern, als er sich um die Mitternachtsstunde auf den Heimweg begab. Dieser führte zwar durch ein Gebiet, das wegen seines dort umgehenden Spukgeistes in den Nachtstunden von allen Menschen gemieden wurde. Doch in seinem weintrunkenen Übermut forderte der Küfer den Geist sogar noch heraus. Dieser ließ auch nicht lange auf sich warten, sondern sprang dem Küfer sogleich auf den Rücken. Dort blieb er auch, bis der Mann unter der Last des Aufhockers zusammenbrach. Er kam auch nicht wieder auf die Beine, sodass man ihn zwei Tage später als Leiche fand.
Glücklicher ging da schon ein ähnliches Abenteuer aus, das der Zimmermann Schlegel aus Tübingen an der zwischen Tübingen und Jesingen im Ammertal liegenden Kreuzberger Kelter hatte. Musste doch dort ein Geist umgehen, der zwar schon von vielen Menschen als ein Licht gesehen worden war, aber von dem niemand wusste, warum er umgehen musste.
Als der Zimmermann einst mit einigen Gesellen an der Kelter vorbeikam, zeigte sich wieder das Licht. Da Schlegel aber nicht an Geister glaubte, stieg er die Stufen empor und schaute durch ein Loch in der Tür. Da sah er ein Flämmchen umherhüpfen. In seinem Übermut rief er da:

„Schaible, Schaible
Mach dich leicht!
Dass du bald
Bei mir seist!“

Doch das hätte er nicht tun sollen. Denn im selben Moment wurde er von unsichtbaren Händen gepackt und die Stufen hinuntergeworfen. Totkrank musste er daraufhin mehrere Wochen das Bett hüten. Mit dem Geist hat er sich fortan nicht mehr angelegt.

Der Djabel im Kelterhaus

Als das Kloster Braunweiler von der Königin Richenza um das Jahr 1000 n. Chr. den Ort Mesenich geschenkt bekommen hatte, ließen die Mönche dort eine Kellerei erbauen. Als Braunweiler-Haus haben Reste davon die Zeiten überdauert. Damals hatte das Kloster jedoch einen Mann als Kellereiverwalter bestellt, der seine Freude daran hatte, die Dorfleute zu schikanieren, wo er nur konnte. Von den Winzern wurde er der Braunweiler genannt. Einmal trieb er es in seiner Dreistigkeit so weit, dass er begann, mitten auf der Dorfstraße ein festes Haus zu errichten. Als der Dorfschulze ihm deshalb Vorwürfe machte, hatte er nur Hohn und Spott für ihn übrig. Die Mesenicher mussten so wohl oder übel den Bau erdulden und fortan um die Trutzburg herumgehen.

Damals mussten die Winzer Jahr für Jahr den lästigen Zehnten an Wein und Most beim Braunweiler abliefern. Da dies aber stets nur unter schrecklichen Flüchen und Verwünschungen geschah, lastete schließlich ein schlimmer Fluch auf dem Haus, und allerlei böse Geister fanden darin einen Unterschlupf. Dies bekamen auch die Franzosen zu spüren, die einstmals nach Mesenich eingerückt waren und den Ort besetzten. Sie hatten die Mönche aus dem klösterlichen Hofgut verjagt und selbst darin Unterkunft genommen. Im Kelterhaus wurden die Pferde untergebracht, im Keller aber machten sich die Soldaten über die Weinfässer her. Um die Mitternachtsstunde wurde es jedoch unruhig im Gutshaus. Durchsichtige Gestalten geisterten über Wände und Decken. Dabei waren grässliche Schreie und schrille Pfiffe zu hören. Zwar versuchten die Franzosen, die Geister zu verjagen. Aber weder Säbelhiebe noch Pistolenkugeln vermochten dem Spuk ein Ende zu setzen. Den Franzosen blieb keine andere Wahl, als das Gutshaus wieder zu verlassen. Zuletzt wagte auch kein Mesenicher mehr, einen Fuß in das Haus zu setzen. Waren doch alle überzeugt, dass der Djabel, der Teufel, höchst persönlich hinter dem Spuk stecke. Letztlich ist es aber einer frommen, alten Frau doch gelungen, den Spuk zu bannen.

Das Gespenst bei Muggensturm

Muggensturm besaß bis in die sechziger Jahre des vorigen Jahrhunderts eine Kelter bei den Reben. Als eines Tages das alte Bauwerk abbrannte, beschuldigte man einen Mann aus Oberweier, den Brand gelegt zu haben. Er starb auch bald darauf, fand aber im Grab keine Ruhe und ging fortan in der Fastenzeit am Schauplatz der Tat um.

Seltsamer Spuk beim Küfer

Im Jahre 1780 erregte eine merkwürdige Geistererscheinung die Einwohner von Neuenbürg. So zeigten sich im Hause des Küfers Jacob Emmendörfer in regelmäßigen Abständen drei Geister: ein Mann von etwa vierzig Jahren, ein junger Müller und ein kleines Mädchen. Die Geister belästigten bei ihrem Erscheinen nicht nur die Familie des Küfers, sondern auch dessen Gesellen. Dies ging so weit, dass die Arbeit nicht fertig wurde und die Gesellen nicht mehr länger in dem Haus bleiben wollten.

Der Meister erstattete deshalb schließlich Anzeige bei der Obrigkeit. Doch auch während der daraufhin erfolgten Untersuchung geschahen merkwürdige Dinge, ohne dass man der Ursache für den Spuk auf die Spur kam. Und so hieß es bis in die neuere Zeit, dass es bei der Küferei nicht geheuer sei.

Von alten Erntebräuchen in der Pfalz

In der Pfalz war es in vielen Gemeinden Gewohnheit, dass man sich nach der Ernte und nach dem Keltern im Gemeindehaus versammelte. Dabei wurden vor allem auch die neuen Weine aufgekauft, welche die Winzer, die allein von ihrem Wingert leben mussten, bei dieser Gelegenheit versteigerten. Alle Anwesenden ließen sich dabei den jungen Wein gut munden, wobei die Kosten derjenige übernehmen musste, der auf sein Gebot hin das soeben versteigerte Fass zugeschlagen bekommen hatte. Da es aber bei so einer Gelegenheit oft dazu kam, dass der bereits genossene Wein zu einem zu hohen Gebot verführte, konnte auch bereits damals der Käufer innerhalb von zwei Tagen den Kauf rückgängig machen. Zur Strafe war er aber dann verpflichtet, den gesamten, während der Versteigerung getrunkenen Wein zu bezahlen.

Das Fass von Salem

In der ehemaligen Reichsabtei Salem soll es besonders in der Adventszeit nicht geheuer sein. Im Klosterkeller soll dann jedes Mal ein Geist einhergehen und an den Reifen des großen Fasses kratzen. Über die Ursache dieses Spukes wird Folgendes erzählt:

Während der Blütezeit des Klosters baute der damalige Pater Großkellner ein so großes Weinfass, dass man extra den Keller dafür erweitern musste. Als es an Ort und Stelle war, füllte er es mit den besten Weinen, sodass es zu einem wahren Edelstein wurde. Nur an den hohen Festtagen bekamen deshalb die Mönche einen Trunk aus diesem Fass kredenzt.

Obwohl nun der Pater Großkellner den Schlüssel zu dem Keller stets bei sich trug, konnte dennoch einmal ein trinkfreudiger Mönch an den Schlüssel gelangen. Während der Pater schlief, löste er den Bund von dessen Gürtel und fertigte mit gestohlenem Kirchenwachs einen Abdruck. Mit dem so angefertigten Nachschlüssel schlich er nun oft und heimlich in den Keller und labte sich an dem herrlichen Tropfen. Aber mag es sein, dass der Zufall im Spiele war oder dass der Pater Großkellner doch irgendwie Verdacht geschöpft hatte: Eines Tages war der Hahn am Fass durch einen Zapfen ersetzt, den der trinklustige Mönch nicht bewegen konnte. Da nahm der Mönch eine Leiter

und stieg auf das Fass. Er vermochte auch, das große Spundloch zu öffnen. Aber in seiner Unvernunft zog er mit dem Heber nun so viel von dem Rebensaft aus dem Fass, dass ihm schwindlig wurde, er in das Fass stürzte und darinnen seinen Tod fand. Da die Mönche der Meinung waren, dass er dem Kloster entsprungen sei, suchten sie ihn auch nicht, sondern ließen die Sache auf sich beruhen.
Nach Tagen bemerkte der Pater Großkellner das offene Spundloch. Als er wenig später mit einer Stange prüfen wollte, wie viel Wein noch in dem Fasse sei, bemerkte er auch den Körper des ertrunkenen Mönchs. Doch damit das Fass nicht als verunreinigt angesehen und der gute Wein ausgegossen werden musste, holte er den Toten heraus und begrub ihn heimlich in ungeweihter Erde.
Erst auf dem Sterbebett gestand er seine Schuld. Doch bevor er den Ort nennen konnte, wo er den Mönch verscharrt hatte, ereilte ihn der Tod. Deshalb muss er nun so lange in dem Keller geistern, bis man einmal durch Zufall das Grab des Mönchs entdeckt und diesem ein ehrliches Begräbnis zuteil wird.

Guter Wein braucht Ruhe

Ein guter Tropfen will in Ruhe reifen. Deshalb gilt auch, dass in den Weinkellern aller unnötige Lärm vermieden werden muss. Vor allem darf nicht an die Fässer geklopft werden, in denen der Wein ruht.
Ein an der Unstrut – manche meinen in Freyburg – lebender Küfergeselle, der all dies für Unfug hielt, konnte es trotz steter Ermahnung nicht lassen, immer wieder an die Fässer zu klopfen. Vermeinte er doch so am besten erfahren zu können, ob diese gefüllt seien und wie viel Wein sich darinnen befinde. Aber wie groß war sein Schreck, als der gesamte Wein, der auf diese Weise in seiner Ruhe gestört worden war, so sauer schmeckte, dass ihn nicht einmal der Teufel zu trinken vermochte. Da er sich aber fortan an die altbewährten Überlieferungen hielt, kam in den späteren Jahren auch aus seinem Keller ein guter Tropfen.

Der Küfer von Waldenhausen

Der Küfer von Waldenhausen,
Der ist nun todt schon manches Jahr,
Das war der beßte Küfer,
Der je im Dörflein war,
Schuf Faß auf Faß
Ohn' Unterlaß
Daß rings die Keller dröhnten.

Beim Küfer zu Waldenhausen
Da gab's ein Schneidern Tag und Nacht,
Weil er den lieben Reben
Viel braune Röcklein gemacht;
Am Kirchtag
Scholl selbst der Schlag
Beim Küfer zu Waldenhausen.

O Küfer zu Waldenhausen,
Was hab' ich gar von dir gehört?
Hast selbst die heilige Christnacht
Mit deinem Hämmern gestört.
Zur Strafe nun
Kannst du nicht ruh'n
Und gehst im Keller spuken.

Der Küfer zu Waldenhausen,
In jeder Christnacht wacht er auf
Und macht in dem Gewölbe
Den altgewohnten Lauf,
Ohn' Unterlaß
Von Faß zu Faß
Hört man die Hämmer schallen.

O Küfer zu Waldenhausen
Du warst, bei Gott! doch gar nicht klug!
Es geh'n die andern Küfer
Allsonntäglich zum Krug.
Was gingst denn du
Nicht auch zur Ruh
Und trankst dein Maaß in Frieden?

Ein Glas zuviel getrunken,
Verschließt die Himmelsthür' noch nicht;
Die Andern alle schlummern
Und warten auf's Gericht;
Du hämmerst fort
Am düstern Ort,
Bis die Posaunen dröhnen.

Alexander Kaufmann (1853)

Die Weinhexe von Winningen

Das liebliche Tal der Mosel zwischen Gondorf und Winningen wurde in früheren Zeiten als Pfaffenland bezeichnet. Hatten doch viele Klöster, Stifte und hohe geistliche Herren ihre Weinberge in dieser Gegend. Aber dennoch – oder gerade deswegen? – war diese Gegend verrufen, weil sich hier viele Hexen und Hexenmeister mit dem Teufel getroffen haben sollen. Insbesondere wird der Dieblicher Berg als Blocksberg des Mosellandes bezeichnet.
Besonders schlimm muss es dabei die Winninger Weinhexe getrieben haben. Kein noch so gut verschlossener Keller konnte sie davon abhalten, einen ihr mundenden Tropfen zu probieren. Doch vergaß sie dabei oft, den Zapfhahn wieder zuzudrehen oder das Spundloch richtig zu verschließen, sodass der Rebensaft auslief. Auch wenn sich in den Kellern Reifen oder Fassdauben gelockert hatten, war man der Meinung, dass hier die Winninger Weinhexe zu Gast war.

Ein Küfer verfällt der Weinsucht

Als das große Fass Nr. 1 im Hofkeller zu Würzburg zum ersten Mal mit 680 Eimern und 24 Maß des ausgezeichneten Steinweins gefüllt wurde, verschrieb sich der trinkfreudige Küfer, der es gebaut hatte, dem Teufel. Er wollte dafür sich stets einen Rausch vom Steinwein antrinken dürfen, sooft Wein aus dem Fass abgezapft oder in dasselbe gefüllt werde. Das geschah dann auch fortan. Hatte er doch jede Füllung des Fasses oder der Kannen stets selbst zu besorgen. Aber eines Tages, als er sich wieder einen Rausch angetrunken hatte, stürzte ihn der Teufel so die Treppe hinab, dass er sich den Hals brach.
Sooft danach Wein dem Fass entnommen oder in dasselbe gefüllt wurde, vernahmen die damit beschäftigten Küfer ein gieriges Schlürfen. Man sagte dann, dass dies der Geist des verstorbenen Küfers sei, der sich wieder den gewohnten Rausch antrinke.

Strafe für Weindiebstahl

An der Kellertür des Bürgerspitals zu Würzburg war früher in gewissen Nächten ein starkes Klopfen zu vernehmen. Danach kam dann jedes Mal ein Geist aus dem Keller, der sodann mit einer Weinflasche im Arm durch alle Gänge wandelte.
Der Sage nach soll dies der Geist eines früheren Spitalverwalters sein, der die Stiftung um viele hundert Flaschen Bocksbeutel betrogen hatte. Zur Strafe dafür musste er nach seinem Tode noch lange umgehen.

Der beste Wein

Mönche hatten einst am Moselufer, oberhalb von Zeltingen, ein Kloster erbaut und nannten es Martinshof. Die fortan dort lebenden Mönche verstanden sich aber nicht nur aufs Beten und Singen, sondern auch auf den Anbau und die Pflege des Weins. Da zudem dem Kloster die steilsten Wingerte gehörten, über die die Sonne am längsten strahlte, lag im Keller des Klosters der beste Wein der Mittelmosel. Aber nur den Freunden und Gönnern des Klosters war es vergönnt, vom allerbesten Tropfen aus dem Mutterfass zu kosten.
Die Kunde von dem außergewöhnlich köstlichen Zeltinger Wein war auch an den Hof des Trierer Kurfürsten Philipp gedrungen. Bald hegte deshalb auch der gefürchtete Kirchenfürst den unbändigen Wunsch, vom Wein der Zeltinger Mönche zu kosten. Er schickte deshalb Diener zum Martinshof, um ein Fässchen zu holen. Dabei trug er seinen Leuten auf, jeden Preis zu bezahlen. Aber dennoch kehrten sie unverrichteter Dinge zurück, nicht einmal eine einzige Flasche hatten sie den Mönchen entlocken können.
Der Kurfürst bezwang seinen Zorn und beschloss, höchstpersönlich eine Inspektionsreise zum Martinshof zu unternehmen, um an Ort und Stelle den berühmten Wein zu probieren. War er doch davon überzeugt, dass man ihm als allgewaltigem Kirchenfürsten den Wein sicher nicht verweigern würde. Schon wenige Tage danach legte die kurfürstliche Flotte in unmittelbarer Nähe des Klosters an. Der Kurfürst begab sich in einem prächtigen Festgewand und von Domherren und der Leibgarde begleitet zum Martinshof. Der Abt fiel auch vor dem Kirchenfürsten gleich auf die Knie und küsste dessen Ring. Dieser sprach: „Lieber Abt, da ich schon viel Erfreuliches über das

Kloster gehört habe, bin ich heute einmal selbst gekommen, um es zu visitieren. Zuerst bitte ich jedoch um einen ordentlichen Begrüßungstrunk für mich und meine Begleitung. Denn unsere Kehlen sind durch die lange Schifffahrt ausgetrocknet." Da geleitete der Abt den hohen Gast in den Speisesaal, die Mönche brachten Kannen voller Wein aus dem Keller und füllten damit die Becher der Gäste. Bald herrschte eine ausgelassene Stimmung unter den Gästen, und unflätiges Lachen dröhnte durch das ansonst so stille Kloster. Bald wurde dem Abt und den Mönchen klar, dass der Besuch nicht ihrem Kloster, sondern den Weinen im Keller galt. Da sagte der Abt zu sich selbst: „Trinkt nur von dem Wein, den wir euch kredenzen, vom Mutterfass unseres Klosters bekommt ihr nicht einen einzigen Schluck."

Als der Tag sich seinem Ende zuneigte, hatte auch die maßlose Zecherei der Gäste ein Ende. Beim Abschied sagte der Kurfürst: „Lieber Abt, ihr habt hohes Lob verdient! Das Kloster wird auf das beste geführt! Wenn ihr einmal nach Trier kommt, lade ich euch herzlich ein, auch einmal meinen Wein zu kosten. Freilich, so einen Wein wie euren Zeltinger kann ich euch nicht vorsetzen." Da erwiderte der Abt mit einem verschmitzten Lächeln: „Vielen Dank für euer Lob: Aber ich will nicht verheimlichen, dass im Mutterfass unseres Klosters noch ein Wein liegt, der tausendmal köstlicher ist als all die Weine, die ihr heute getrunken habt. Wenn ihr uns nochmals besucht und die Visitation tatsächlich dem Kloster und nicht dem Wein gilt, sollt ihr auch davon zu kosten bekommen. Bis dahin soll er gut bewahrt sein."

□ Von alten und verfallenen Weinkellern □

Hoher Preis für einen Geisterwein

In Berneck saß einst eine lustige Gesellschaft bis tief in die Nacht hinein beim Pfarrer beisammen. Der Wein ging zur Neige, und die Kerzen waren schon tief herabgebrannt. Obwohl auch der Nachtwächter bereits die elfte Stunde verkündet hatte, zogen es die Gäste des Pfarrherrn vor, sitzen zu bleiben.

Da winkte der Pfarrer seiner Magd und meinte, da der Wein ausgetrunken sei, solle sie doch einmal ihr Glück oben auf dem alten Schloss versuchen. Würden doch dort jede Nacht die Geister zechen, und die könnten sicher einige Flaschen entbehren. Die Magd sah zwar daraufhin ihren Herrn betroffen und zweifelnd an. Aber dieser wiederholte mit allem Ernst, dass sie nach Wallenroden hinaufgehen solle. Also machte sie sich auf den Weg.

Als sie sich dem Schloss näherte, riss ein Wirbelwind vor ihr das Tor auf. Unsicher und mit zitternden Knien ging sie hinein. Als sie schließlich in einen weiten Saal kam, saßen die verstorbenen Ritter im weiten Kreis bei einem Mahl beisammen. Mit Schrecken bemerkte die Magd, dass sie alle von aschgrauem Ansehen waren und Totenschädel als Pokale hatten. Beim Eintreten der Magd erhob sich einer der Tafelnden und fragte sie nach ihrem Begehren. Mit zitternden Lippen brachte sie ihren Auftrag vor. Da nahm einer der Ritter einen Krug, füllte ihn mit Wein und gab ihn der Magd mit den Worten: „Deiner Einfalt sei es verziehen, die Schuld haftet auf deinem Herrn! Aber lasse dich nie wieder hier sehen, wenn dir dein Leben lieb ist!“

Hastig ergriff die Magd den Krug und eilte damit so schnell sie konnte wieder nach Hause. Im Pfarrhaus setzte sie den Krug mit den Worten auf den Tisch, dass sie zum letzten Mal auf das alte Schloss gegangen sei. Die Gäste achteten jedoch nicht auf die Worte der Magd, sondern spotteten noch darüber. Aber mit großem Behagen tranken sie den vorzüglichen Geisterwein. Doch plötzlich entstand ein wildes Brausen, der Sturm heulte und grelle Blitze durchzuckten den

Raum. Unter Zittern und Zagen verließen die Gäste den unheimlichen Ort. Und als der nächste Morgen graute, fand man den Herrn des Hauses tot vor der leeren Weinkanne.

Belohnte Einfalt

Ein Bürger aus dem im Vorland des Harzes gelegenen Blankenburg musste eines Tages mit seiner Frau über Land gehen. Gut gelaunt trug er der zurückbleibenden Magd auf, eine gute Weinsuppe zu bereiten, damit sie sich nach der Rückkehr daran gütlich tun könnten. Das nicht besonders kluge Mädchen fragte den Hausherrn, woher sie den Wein dafür nehmen solle. Dieser zeigte auf die alte Burgruine und sagte zu der Magd: „Dort liegt ein ganzer Keller voller Wein!"
Die Magd hatte nicht bemerkt, dass der Herr nur scherzte und machte sich kurzerhand auf den Weg. Sie stieg den steilen Burgberg hinan und trat in die verfallenen Gemächer. Bald fand sie auch eine Tür, die in den Keller führen musste. Da der Schlüssel im Schloss steckte, öffnete sie diese und gelangte gleich darauf in ein Gewölbe voller Weinfässer. Am nächstliegenden Fass steckte zudem bereits ein Schlauch. Ohne sich lange zu besinnen, füllte die Magd damit die mitgebrachte Kanne. Sie wunderte sich lediglich, dass die Herrschaft sie erst heute zu diesem Weinkeller geschickt hatte. Als sie sich zum Fortgehen wandte, rief ihr eine Stimme zu: „Nimm den Schlauch auch gleich mit!" Zuerst war die Magd etwas erschrocken, aber dann zog sie den Schlauch heraus und steckte ihn in ihre Schürze.
Wieder glücklich zu Hause angekommen, machte sich das Mädchen sogleich an die Zubereitung der Suppe. Den Schlauch, der ihm dabei lästig wurde, warf es auf das Topfbrett. Als die Herrschaft wenig später zurückkam, trug die Magd die Suppe auf. Verwundert fragte der Mann, nachdem er die Suppe gekostet hatte: „Wie bist du denn zu diesem köstlichen Wein gekommen?" „Woher soll er denn sein", antwortete die Magd in ihrer Einfalt, „aus dem großen Weinkeller im alten Schloss. Ihr habt mir ja aufgetragen, ihn dort zu holen!" „Das mache anderen Leuten weis! Alte Steine gibt's dort, weiter nichts!", erwiderte der Hausherr. „Wenn ihr mir nicht glauben wollt, so seht den Schlauch, den ich aus dem Keller mitgebracht habe!" Eilig lief nun die Magd in die Küche, um

den Schlauch zu holen. Aber dort traute sie kaum ihren Augen, der Schlauch hatte sich inzwischen in pures Gold verwandelt, so um die drei Pfund schwer.

Der Weinkeller im alten Schloss

Als im Thüringer Dörfchen Bobeck noch Weinbau betrieben wurde, stand ganz in der Nähe eine Burg, zu der auch ein großer Weinkeller gehört haben soll. Obwohl von der Burg nur noch wenige Spuren erhalten sind, soll der Weinkeller erhalten geblieben sein. Doch ist der Eingang unter Steingeröll versteckt und wird zudem noch von zwei furchtbaren Hunden bewacht, die jeden Zudringling vertreiben. Nur Sonntagskindern soll es zu gewissen Zeiten möglich gewesen sein, den Keller mit den vielen gefüllten Fässern zu betreten.

So stieg einst ein Knabe den Weißen Berg hinan. Plötzlich erblickte er eine Höhle, in der unzählige riesengroße Fässer lagen. Da er nicht wusste, was er davon halten sollte, eilte er schnell heim und erzählte das Erlebnis seinen Eltern. Der Vater ging daraufhin mit dem Knaben zu der bewussten Stelle. Doch als dieser rief: „Sieh, Vater, dort ist die Stelle!", konnte der Vater gerade noch einen Blick auf die Schätze werfen. Denn gleich darauf erbebte die Erde und mächtige Steine verschütteten den Zugang zu dem Weinkeller, dass er wieder unauffindbar war.

Weinfässer unter dem Katzenstein bei Burkau

In dem bei Burkau gelegenen Katzenstein befindet sich eine Felsspalte, die der Eingang zu einem unterirdischen Keller sein soll. Aber weder Gold noch Silber sind dort zu finden, sondern ein paar große Fässer mit edlem Wein. Es heißt, dass ein Ritter sie einst während seiner Raubzüge hier versteckt habe. Doch habe sich danach – die Sage nennt keine Gründe – der Zugang zu dem Keller so verengt, dass sich kein Mensch mehr hindurchzwängen konnte. Nur den dort hausenden Zwergen war dies noch möglich. Sie hatten auch bald den Weinvorrat entdeckt und vor allem in warmen Sommernächten ausgiebig gezecht. Durch ihr fröhliches Treiben wurden natürlich auch die in der Umgebung wohnenden Menschen auf den Weinkeller aufmerksam. Ein paar Burschen aus Burkau machten sich bald darauf auf, um die Weinfässer aus dem Katzenstein herauszuholen. Doch es war vergebens! Sobald man nämlich mit viel Mühe den Spalt so weit verbreitert hatte, dass man sich hineinzwängen konnte, verspürte man einen kalten Wind, der aus dem Inneren des Berges wehte. Und über die Stelle hinaus, an der das Kerzenlicht verlöschte, ist noch niemand in den Berg vorgedrungen. So müsste der Wein auch heute noch dort liegen, sofern die Zwerge etwas davon übrig gelassen haben.

Der Heidenkeller

Etwa eine halbe Stunde von dem heutigen Ort Eisingen entfernt befand sich in vorchristlicher Zeit ein Tempel. Unter diesem war ein Keller, der zur Aufbewahrung des Opferweins diente. Obwohl nun keinerlei sichtbare Spuren davon mehr vorhanden sind, hat sich der Name Heidenkeller erhalten. Aber auch in der Sage lebt die Erinnerung daran fort.

So soll vor vielen Jahren ein Gänsehirt, manche meinen, er habe Martin geheißen, an dieser Stelle bei seiner Herde gelegen und aus Langeweile etwas Moos aus dem Boden gerupft haben. Da drang ihm ein gar lieblicher Weingeruch in die Nase. Als er daraufhin seinen mit einer eisernen Spitze versehenen Stock in den Boden rammte, war dieser beim Herausziehen mit Wein befeuchtet. Schnell suchte er nach einem Röhrchen, steckte dies in den Boden und begann zu saugen. Da lief ihm ein gar köstlicher, uralter Wein in den Mund. Nun gab es kein Halten mehr! Vielmehr trank er so lange, bis er einen tüchtigen Rausch hatte. Das wiederholte sich fortan alle Tage, doch war er klug genug, nichts von seinem Geheimnis zu verraten. Aber einmal schlichen einige Männer dem Gänsehirten heimlich nach. Da sahen sie, wie er zu seinem Rausch kam. Sie warteten noch, bis Martin sich entfernt hatte. Dann machten sie sich eine Öffnung zu dem Keller und schlüpften hinein. Da fanden sie den Wein in einer fassförmigen Weinsteinkruste liegen, in die des Hirten Stock ein Loch gestoßen hatte. Erfreut über diese Entdeckung wollten die Männer nun den

Wein mitnehmen. Doch die Kruste zerbrach beim Anheben, und der gesamte Wein, der übrigens gänzlich schwarz war, lief aus. Aber auch der Gänsehirt lebte nach dem Verlust seines Labsals nicht mehr lange.
Nach einer anderen Version war der Gänsehirt, wer weiß auf welche Art, in den Besitz eines Stäbchens gekommen, welches halb rot und halb schwarz war. Mit diesem klopfte er immer dreimal an die Felswand am Heidenkeller. Daraufhin erschien ein Zwerg, der den Hirten in den Keller führte. Dort lag viel Wein in seiner eigenen Haut aus Weinstein. Von diesem Wein trank der Hirte immer so viel, bis er berauscht nach Hause taumelte. Dies ging auch so lange gut, bis ihm der Weg zu dem Felsenkeller zu aufwendig erschien. Er nahm daraufhin ein leeres Fass mit hinaus, um es mit dem köstlichen Wein zu füllen. Doch kaum hatte er damit begonnen, als alle Weinsteinfässer zersprangen. Was mit dem Hirten geschah, weiß niemand. Aber keiner hat ihn jemals wieder gesehen. Fortan zeigte sich an dieser Stelle jedoch in jeder Nacht ein Rabe.

St. Goars Wunder

Einst kam ein frommer Mann aus dem Lande Aquitanien in die Gegend von Mosel und Rhein. Dieser Mönch soll insbesondere lange unterhalb der Lurlei gelebt haben, um das Evangelium zu verkünden und verunglückenden Schiffern beizustehen. Der Name des Heiligen lebt auch heutigentags noch in den beiden gegenüberliegenden Orten St. Goar und St. Goarshausen fort. Der Heilige selbst soll in seiner Zelle zu St. Goar verstorben sein. An dieser Stelle wurde später eine Kapelle errichtet, die jedoch schon zu Zeiten Kaisers Karl des Großen stand. Sie war berühmt als ein Haus freigebiger Milde und Gastlichkeit gegenüber Reisenden, Schiffern, Pilgern und Wallfahrern.
Einstmals fuhr Kaiser Karl der Große von seinem Palast in Ingelheim nach Koblenz. Da er dabei aber an St. Goars Zelle vorbeifuhr ohne vorzusprechen, nahm ihm das der Heilige übel. Er schuf einen so dichten Nebel, dass der Kaiser landen und eine Nacht auf freiem Feld zubringen musste. Seinen sich hassenden Söhnen, Karl und Pipin, hingegen, die einst zufällig in St. Goars Zelle zusammentrafen, goss der Heilige Versöhnung in ihr Herz. Auch als die Gemahlin des Kaisers den Heiligen anrief, heilte er diese von heftigem Zahnweh.

Aus Dankbarkeit schenkte der Kaiser dem gastlichen Kapellenhaus ein Fass, gefüllt mit gutem Wein. Dieses segnete der Heilige mit der Kraft des Nimmerversiegens. Aber auch anderweitig wirkte dieser Segen. So vergaß einst ein Pater Kellermeister, vermutlich, weil er diese Kraft allzu sehr erprobt hatte, den Hahn richtig zu schließen. Als er deshalb stark tropfte, kam eine Spinne, die so eifrig unter dem Hahn webte, dass durch das starke Gewebe kein Tropfen mehr herauslaufen konnte.

Der Weinkeller im Mönchsberg

Die Mönche von Münsterkirchen im Werratal verstanden es, einen edlen Wein zu keltern. Als das Kloster einst zerstört wurde, blieb jedoch der Keller mit den vielen Weinfässern unentdeckt. Auch später wurde er nicht gefunden. Und mit der Zeit verfestigte sich der Wein. Zunächst umgab ihn eine dünne Haut aus klarem Kristall, langsam wurde diese jedoch immer stärker. In dieser Gestalt nun soll der Wein eine wunderbare Kraft haben und alle Krankheiten zu heilen vermögen.

Einmal suchte ein alter und kranker Mann, der davon gehört hatte, die geheimnisvolle Stelle am Mönchsberg auf. Er kniete nieder und betete, dass auch ihm geholfen werde. Plötzlich erschien ein Mönch, dem der Alte sein Leid klagte. Da sprach der Mönch: „Warte hier!" Daraufhin verschwand er wieder in der Erde. Doch bald darauf war er zurück und reichte dem Mann in einer goldenen Schale ein Stück von dem Kristallwein mit dem Bemerken, es wohl zu genießen. Der Mann nahm es auch sogleich in den Mund, wo es ihm auf der Zunge zerging und einen köstlichen Geschmack hinterließ.

Zudem bemerkte er, wie die Kraft in seine Glieder zurückkehrte und er sich wieder so wohl wie in früheren Zeiten fühlte. Er dankte dem Mönch vieltausendmal und verabschiedete sich von ihm. Auf dem Heimweg spürte er, wie auch die restlichen Beschwerden aus seinem Körper schwanden, sodass er vollkommen gesund daheim ankam. Danach lebte er noch viele Jahre glücklich bei den Seinen und erzählte allen, die es hören wollten, von dem Wunderwein im Mönchsberg.

Vom alten Wein auf dem großen Hermannsberg

An einem Neujahrsabend saßen in der Schenke zu Oberschönau einige Gäste beisammen, die in fortgeschrittener Stunde mit dem Wirt über verwunschene Schätze redeten. Schließlich kamen sie darauf, dass sie sich einige Flaschen des uralten Weins wünschten, der noch fuderweise in den verborgenen Kellern des großen Hermannsberges liegen sollte. Meinten sie doch, dass man damit eigentlich sehr gut den dort oben hausenden Verwunschenen ein glückliches Neujahr zuprosten könne. Da lachte der Wirt und meinte, man könne es ja einmal versuchen. Er weckte die an ihrem Spinnrad hinter dem Ofen eingeschlafene Magd und sagte zu ihr: „Geh hinauf auf den großen Hermannsberg und hole uns eine Flasche von dem ältesten und dem besten!" Die Magd, noch halb schlaftrunken und auch sonst nicht so recht beieinander, verließ daraufhin sogleich das Haus. Wirt und Gäste saßen weiter in fröhlicher Runde beieinander und hatten das Fortgehen der Magd längst vergessen. Da trat sie wieder in die Gaststube und setze den erstaunten Männern eine mächtige, arg verstaubte Flasche auf den Tisch.

Natürlich wollten nun alle wissen, wo die Magd war und was das für eine Flasche sei. Da meinte sie jedoch zu dem Wirt: „Nun, ihr habt mich doch auf den Hermannsberg geschickt, um eine Flasche zu holen. Und das habe ich getan!" Wie sie aber zu der Flasche gekommen war oder wer sie ihr gegeben hatte, konnte sie nicht sagen. Da sahen sich die Männer zunächst bedenklich an, dann aber überwanden sie ihre Scheu und probierten den Wein. Sie meinten, dass sie alle miteinander einen solchen Feuerwein noch nicht getrunken hätten.

Wie die Bauern von Ohmes zu ihrem Wein kamen

Im oberhessischen Ohmes saßen vor nunmehr schon geraumer Zeit einige Bauern im Wirtshaus beieinander. Sie waren alle miteinander fröhlich und guter Dinge. Da kam ihnen doch plötzlich der Einfall, anstatt Schnaps und Bier einmal Wein zu trinken. Nur war das leich-

ter gedacht als getan, denn im gesamten Ort gab es keinen einzigen Weinkeller.
Doch die Tochter der Wirtin wusste Rat. Befanden sich doch neben dem Ort auf waldiger Höhe die Ruinen eines alten Schlosses, Wüsburg genannt. Zwar zeugten zu dieser Zeit noch einige Zimmer von der ehemaligen Pracht, aber bewohnt war es schon lange nicht mehr. Dennoch hatte schon so mancher um die Mitternachtsstunde helles Licht in den Mauern gesehen und fröhliches Treiben vernommen. Dorthin lenkte nun das Mädchen seine Schritte. Es sah auch bald, dass die Fenster wieder alle hell erleuchtet waren. An dem Gemäuer angekommen, trat auch gleich darauf eine gespenstische, weiß gekleidete Alte auf das Mädchen zu und fragte nach dessen Begehr. Das Mädchen brachte ohne Scheu seine Bitte vor, worauf die Alte verschwand und nach kurzer Zeit mit einem Korb voller Flaschen zurückkam. Das Mädchen bedankte sich und begab sich auf den Heimweg.
Die im Wirtshaus sitzenden Bauern staunten nicht schlecht, als ihnen die Wirtstochter den Korb mit den Flaschen auf den Tisch stellte. Sie machten sich auch gleich darüber her. Doch dadurch erst so recht auf den Geschmack gekommen, war der Wein schon bald wieder alle. Zwar ging daraufhin das Mädchen nochmals zu der Ruine. Doch es war alles finster, und keine Tür ließ sich öffnen. Auch die Alte war nicht mehr zu sehen. So musste es ohne Wein wieder umkehren.

Wein von der Himmelpforte

Der Förster von Öhrenfeld hatte sich zur Feier seiner Silberhochzeit reichlich mit Wein versorgt. Als aber mehr Gäste als erwartet kamen, drohte der Vorrat zur Neige zu gehen. Schließlich schickte der Förster in seiner Not noch abends gegen 11 Uhr die Magd zum Weinhändler nach Wernigerode. Er gab dieser das Rechnungsbüchlein mit und meinte, dass sie von der zuletzt vermerkten Sorte so viel bringen solle, wie sie tragen könne. Die Magd, die noch nicht wusste, wo der Weinhändler wohnte und wie sie am besten dahin kommt, fragte daraufhin den Förster: „Wohin muss ich denn da gehen?“ Dieser antwortete jedoch halb im Ärger, halb im Scherz: „Geh in die Himmelpforte!“
Die Magd nahm diese Antwort ernst, hockte die Kiepe auf und ging

in die Nacht hinaus zur Himmelpforte, einem im Bauernkrieg zerstörten Kloster. Als sie in der Nähe der von dem Kloster übrig gebliebenen Ruinen war, bemerkte sie ein Licht. Sie ging auf dieses zu und traf vor einer offenen Kellertür eine altertümlich gekleidete Frau, mit einer Laterne in der Hand und einem großen Schlüsselbund an der Seite. Die Magd meinte, dass dies die Ehefrau des Weinhändlers sei und brachte ihr Anliegen vor. Die Frau sagte nichts dazu, schloss aber in dem Keller eine zweite Tür auf und winkte der Magd, ihr zu folgen. Gemeinsam ging es nun viele Stufen hinab und durch ein langes Gewölbe. Schließlich blieb die Frau vor einem alten, verschimmelten Fass stehen. Sie füllte aus diesem einige Flaschen und packte sie der Magd in die Kiepe. Dann half sie noch der Magd beim Aufhocken der Kiepe und führte sie wieder hinauf. Sie wehrte jedoch unwillig ab, als ihr die Magd das Büchlein mit der Bitte hinhielt, die Flaschen einzuschreiben. „Auch gut", dachte die Magd und wünschte der Frau noch eine gute Nacht.

Der Förster hatte die Magd gar nicht so schnell wieder erwartet und fragte deshalb verwundert: „Wo hast du denn den Wein geholt, wenn du so schnell zurück bist?" „Wie ihr gesagt habt, in der Himmelpforte", erwiderte die Magd. Der Förster fühlte sich von ihr verspottet und fragte sie immer unwilliger noch ein paar Mal. Aber immer erhielt er die gleiche Antwort. Da nahm er an, dass die Magd von dem Wein gekostet habe und berauscht sei. Da zudem die Gäste nach ihm riefen, ließ er die Sache vorerst auf sich beruhen.

Doch am nächsten Morgen nahm er sich die Magd erneut vor. Sie blieb aber bei ihrer Geschichte und erzählte den gesamten Hergang. Der Förster wusste nun gar nicht mehr, was er davon halten sollte, zumal der Wein unbeschreiblich köstlich gewesen war. Er schickte deshalb einen Boten zu dem Weinhändler und ließ fragen, ob seine Magd in der vergangenen Nacht Wein bei ihm geholt hätte. Als der Bote mit der Antwort zurückkam, dass niemand bei dem Weinhändler gewesen sei, wurde die Sache dem Förster allmählich unheimlich. Gemeinsam mit dem Pfarrer, dem Schulmeister und einigen Leuten aus dem Ort zog er schließlich unter Führung der Magd zur Himmelpforte. So sehr man dort aber in den Ruinen suchte, man fand weder die Kellertür noch die alte Frau. Als aber die Sache dann die Runde machte, gingen die Menschen noch furchtsamer an den alten Klosterruinen vorbei.

Der Burgkeller bei Plaue

Die Kellergewölbe des Schlosses zu Plaue an der Havel sollen der Überlieferung nach noch aus der Zeit stammen, da die Quitzows das Heft in der Hand hatten. Diese nutzten die tiefen Verliese, um von den gefangenen Kaufleuten hohe Lösegelder zu erpressen. Später wurden in diesen kalten Gewölben die Weinfässer der Herrschaft untergebracht, um bei festlichen Gelagen einen wohl gekühlten Trunk zu haben.
Einstmals hatte nun eine Küchenfrau zu später Stunde noch in dem Keller zu schaffen. Als die Mitternachtsstunde nahte, entdeckte sie plötzlich, wie eine ihr unbekannte Gestalt, bekleidet mit Harnisch und Rapier, sich an den Weinfässern zu schaffen machte. Sie erschrak gewaltig und floh eilends hinauf in die Küche. Wenig später vernahm sie auf der Treppe klirrende Schritte, die an der Küchentür vorüber dem Ausgang zugingen. Die Frau fasste sich ein Herz und öffnete die Tür einen Spalt. Da meinte sie, den längst verstorbenen Hans von Quitzow erkannt zu haben. Sah die Gestalt doch dem Bild, das in dem Saal hing, sehr ähnlich.

Belohnte Gastfreundschaft

Vor langer Zeit lag unterhalb von Rehlingen eine Mühle. Darinnen lebte zusammen mit Frau und Kind ein armer Müller. Doch trotz aller Mühen und Entbehrungen war er mit sich und der Welt zufrieden, hatte sich auch ein gutes und hilfsbereites Herz bewahrt. Nur in einem Punkt war er so ganz und gar nicht mit seinem Leben zufrieden: Hätte er doch gern hin und wieder auch einmal ein Gläschen vom guten Moselwein über den Durst getrunken. Aber dazu wollte es einfach nicht reichen.
Da klopfte es eines Abends an die Tür. Als der Müller öffnete, stand draußen ein alter Mann, der mit gierigen Augen auf das karge Abendbrot starrte, das die Müllerin gerade auf den Tisch gebracht hatte. Die Müllersleute brachten es nicht über das Herz, den Alten abzuweisen, und luden ihn ein, mit ihnen das Mahl zu teilen. Doch als der Fremde etwas später noch um einen Schluck Wein bat, musste der Müller mit den Achseln zucken. Hatte er doch zu seinem eigenen Bedauern nicht einen einzigen Tropfen davon im Hause. Da sagte der Mann zu

dem Müller: „Komm mit, ich weiß, wie wir diesem Mangel abhelfen!" Er forderte den Müller noch auf, einige Kannen und eine Fackel mitzunehmen, dann gingen sie zusammen zu einer Schlucht, die sich oberhalb der Mühle hinzog. Schließlich kamen sie an ein gewaltiges eisernes Tor. Der Fremde öffnete dasselbe – und nach wenigen Schritten standen die beiden Männer in dem großen Burgkeller. Dort lag ein Fass neben dem anderen. Der Müller brachte vor Staunen kein Wort heraus. Doch dann nahm der Fremde eine Probe vom ersten Fass, und beide fanden, dass dies ein gar köstlicher Tropfen sei. Sie füllten nun die mitgebrachten Kannen und begaben sich wieder auf den Heimweg. Als sie ins Freie kamen, forderte der Fremde den Müller noch auf, mit der Fackel ein Zeichen in das Tor zu brennen, damit er sich auch ferner Wein hier holen könne.

Da gab es nun im Hause des Müllers ein gar fröhliches Fest. Als die Kannen geleert waren, fielen alle in einen tiefen, weinseligen Schlaf. Als Erster wachte der Müller wieder auf. Zugleich verspürte er ein unsägliches Verlangen nach dem herrlichen Wein. Er begab sich deshalb auch sogleich mit einigen Kannen auf den Weg. Doch so sehr er auch suchte, er konnte weder das Tor noch das eingebrannte Zeichen finden. Da eilte er wieder zu seiner Mühle, um den Fremden zu wecken. Doch dessen Lager war leer, und er ließ sich auch nicht wieder in der Mühle sehen. Geblieben ist somit dem Müller lediglich die Erinnerung an den wunderbaren, aber unerreichbaren Wein, der so ganz in seiner Nähe liegen musste.

Die sechs Reisigen im Berg

Einstmals zogen sechs Reisige vom Rhein ins Hessische. Auf ihrem Weg schoben sie dabei gar gewaltige Weinfässer vor sich her. Als sie eine Stelle gefunden hatten, die ihnen gefiel, schlugen sie einen großen Keller ins harte Gestein. Dort lagerten sie ihre Fässer. Danach setzten sie sich um die aus den Steinen errichteten Tische und tranken den kühlen Wein.

Das sollen sie auch heutigentags noch tun. Wenn sie jedoch dabei mit ihren Gläsern anstoßen, dröhnen die Felsen um Sechshelden, wie der Ort fortan genannt wurde.

Das Schloss im Singer Berg

Weithin reicht der Blick vom Singer Berg über das Thüringer Land. Der Sage nach soll einst auf dem Berg ein Schloss gestanden haben. Da aber das Böse der hier hausenden Menschen überhand nahm, verschwand es mit Poltern und Getöse im Berg.
Eine geraume Zeit später war ein junger Schäfer gerade an der Stelle des Berges eingeschlafen, wo sich die steile Felswand erhebt. Plötzlich wurde er wach und sah neben sich im Gestein eine Kluft, die immer breiter wurde. Neugierig geworden, blickte er hinein. Da konnte er das versunkene Schloss sehen, in dem jedoch alles tot und still war. Voller Furcht rannte er jedoch so schnell er konnte von dieser verrufenen Stelle fort. Aber bereits am nächsten Tag zog es ihn wieder zu diesem Ort. Und als sich eines Tages gar der Berg wieder auftat, wagte er sich hinein. Als er in einen großen Saal kam, saßen all die früheren Raubbrüder beim Mahle. Sie ließen sich dabei auch durch den eintretenden Schäfer nicht stören. Als dieser aber näher hinsah bemerkte er, dass die Ritter allesamt versteinert waren. Lediglich der Wein in den Krügen und Kannen hatte die Zeit überdauert. Beherzt probierte der Schäfer davon und fand, dass er so etwas Köstliches sein ganzes Leben noch nicht getrunken hatte. Da ergriff er mit jeder Hand eine Kanne und ging wieder davon. Am anderen Tage wollte er wiederkommen und mehr davon holen. Aber so sehr er auch suchte, er fand weder die Höhle noch das Schloss und erst recht nicht den köstlichen Wein.

Taufwein aus dem Ritterkeller

Ein armer Mann aus Tilleda feierte die Taufe seines achten Kindes. Da viele Paten und Verwandte zu diesem Fest gekommen waren, ging auch das Fässchen Wein, das der Mann für diesen Tag besorgt hatte, bald zur Neige. Da rief der Taufvater seine älteste Tochter und sagte zu dem Mädchen: „Hol uns Wein aus dem Keller!“ Da das Mädchen wusste, dass es im eigenen Keller keinen Wein gab, fragte es erstaunt: „Aus welchem Keller denn?“ Der Vater meinte daraufhin im Scherz: „Na, aus dem Ritterkeller oben in der Burg!“
Das Mädchen nahm den Spaß für Ernst, ergriff einen Eimer und stieg hinauf zur Kyffhäuserburg. Ohne groß zu suchen, fand es auch

gleich den Eingang zum Keller. Neben diesem saß eine alte Frau mit einem großen Schlüsselbund am Gürtel, die das Mädchen ansprach. „Du willst bestimmt Wein aus dem Ritterkeller." „Ja", antwortete es, „aber wir sind arm, und ich kann den Wein nicht bezahlen!" „Das macht nichts", antwortete die Alte, „dann bekommst du den Wein umsonst." Sie stand auf, um in den Keller zu gehen. Das Mädchen folgte ihr durch dunkle, verfallene Gänge bis zu einem großen Raum, in dem links und rechts viele große Fässer lagen. Die Frau nahm dort dem Mädchen den Eimer aus der Hand und füllte ihn aus einem der Fässer randvoll. Als sie ihn sodann wieder dem Mädchen zurückgab sagte sie: „Du darfst wiederkommen, wenn ihr zu Hause ein Fest feiert. Aber nur du und dein Vater dürfen wissen, woher der Wein stammt. Auch dürft ihr den Wein nicht verkaufen. Umsonst habt ihr ihn bekommen, und umsonst dürft ihr ihn nur weitergeben!" Gleich darauf war die Alte verschwunden.

Zu Hause lobten alle den guten Wein. Aber sosehr auch alle Gäste wissen wollten, woher er stamme, Vater und Tochter schwiegen. Auch als zu anderen Festen in der Familie das Mädchen wieder Wein aus dem Ritterkeller holte, niemand erfuhr etwas über seine Herkunft.

Nun war aber einmal unter den Gästen auch der Schankwirt des Ortes. Der dachte bei sich, dass sich ein so guter Wein auch noch mit einer gehörigen Portion Wasser gut verkaufen lassen würde. So schlich er bald darauf heimlich dem Mädchen nach, als es wieder Wein für ein Fest holen wollte. Nun kannte er das Geheimnis und wollte es gehörig nutzen! Deshalb begnügte er sich auch nicht mit einem Eimer, sondern lud schon am nächsten Abend sein größtes Fass auf einen Karren und schob diesen den Berg hinan. Aber sosehr er sich auch oben nach der freundlichen alten Frau umsah, er konnte sie nicht finden. Stattdessen brach plötzlich ein ungeheures Unwetter los. Der Sturm war so heftig, dass der Schankwirt mitsamt seinem Fass in eine zwischen den Mauern der Burgruine befindliche Gruft geworfen wurde. Erst als die Kirchturmuhr die Mitternachtsstunde verkündet hatte, erwachte er aus seiner Bewusstlosigkeit. Doch zu seinem Schrecken erschien zugleich ein geisterhafter Mönch, der den habgierigen Wirt wieder ins Freie brachte. Dort drückte er ihm noch etwas Geld in die Hand und verschwand.

Krank und durch den ausgestandenen Schrecken geschwächt schleppte sich der Schankwirt wieder nach Hause. Dort legte er sich in sein Bett und war nach drei Tagen tot. Das Geld, das ihm der Mönch gegeben hatte, reichte gerade aus, um sein Begräbnis zu bezahlen.

In Sittendorf erzählt man sich eine ähnliche Sage. Als nämlich eine Gesellschaft bei einem Mann aus diesem Orte zu Gast war, fehlte es bereits um acht Uhr an Wein. Da wurde die einfältige Tochter ohne Geld ausgeschickt, welchen zu holen. „Woher denn?", fragte sie. „Vom Kaiser Rotbart", antwortete da ihr Vater spöttisch. Doch das Mädchen nahm die Antwort für ernst und ging auf den Kyffhäuser. Oben angekommen, trat ihr das Fräulein entgegen. Dieses trug einen Schleier und hatte lange rote Haare, welche noch weit über die Schultern herabhingen. Das Fräulein nahm dem Mädchen wortlos das Gefäß ab und schloss eine Tür auf, durch welche es verschwand. Doch bald darauf kam es zurück und sprach: „Hier ist der Wein, aber komm nicht wieder!" Als daraufhin das Fräulein die Tür verschloss, blieben zwei von den langen roten Haaren darin hängen. Das einfältige Mädchen wusste nicht, was es von all den Dingen halten sollte. Aber einer glücklichen Eingebung folgend, löste es die hängen gebliebenen Haare aus der Tür und steckte sie ein. Danach eilte das Mädchen mit dem Weinkrug heim. Der Wein schmeckte den Gästen ganz vortrefflich, und alle Gäste waren des Lobes voll. Aber auch das Mädchen wurde in ihrer Einfalt belohnt: Die Haare des Fräuleins vom Kyffhäuser hatten sich nämlich in der Tasche des Mädchens zu kostbaren, langen Goldfäden gewandelt.

Die Jungfrau mit dem Trinkhorn

Über der Stadt Weinheim an der Bergstraße erheben sich die Trümmer der Burg Windeck, von der man sich so manche Sage erzählt.
So soll einst, als Windeck schon verfallen war, ein Ritter in dieser Gegend einen flüchtigen Hirsch gejagt haben. Das Tier rettete sich jedoch in die Ruinen der alten Burg und entschwand dort vor den Augen des Jägers.
Dieser aber befand sich nun einsam inmitten stiller Öde. Der Tag war heiß, und er hatte großen Durst. Da dachte er voller Verlangen auch an die Sage, dass in den verschütteten Kellern der Windeck noch manch guter Tropfen liegen würde. Doch kaum hatte er dies zu Ende gedacht, da stand eine Jungfrau in einem schlohweißen Gewand vor ihm. Diese hielt in ihren Händen ein Trinkhorn, das bis zum Rande mit köstlichem Wein gefüllt war. Freundlich bot sie dies dem Ritter zur Labung. Der Ritter stillte seinen Durst, konnte aber kein

Auge mehr von der schönen Jungfrau wenden. Diese nahm jedoch das Trinkhorn zurück und verschwand, ohne ein Wort zu sagen. Fortan zog es den Ritter immer wieder zu den Trümmern von Windeck. Stets hoffte er dabei, dass ihm die Jungfrau, die ihn sowohl mit ihren herrlichen Augen als auch mit dem Trank bezaubert hatte, nochmals erscheinen werde. Aber ob dies geschah, vermag niemand zu sagen. Denn als der Ritter schließlich starb, soll fortan sein Geist ruhelos durch die Trümmerstätte wandeln.

Das gerettete Weinfass

Der in der ehrwürdigen Stadt Augsburg residierende Bischof Adalrich hatte vernommen, dass den in St. Gallen lebenden Mönchen der Wein auszugehen drohe. Um die damit verbundene schreckliche Zeit abzuwenden, schickte er ein ganzes Stückfass voller Wein nach St. Gallen. Aber als der Fuhrmann auf einer in der Nähe des Bodensees gelegenen steilen Brücke über den Rhein die Pferde allzu hart antrieb, brach eine Achse des Fuhrwerks. Das Fass kippte daraufhin vom Wagen und rollte hinab in den Strudel. Zwar blieb es dabei glücklicherweise ganz, doch tanzte es so in dem Strudel, dass es der Fuhrmann selbst mit vielen Hinzukommenden nicht wieder an Land bringen konnte.
Da war guter Rat teuer! Als die schreckliche Kunde nach St. Gallen kam, berief der Abt sofort den Konvent ein. Gleich darauf zog eine feierliche Prozession zu dem Ort des Unglücks. Unter den Fürbitten der Mönche gelang es dem Küfer mit seinen Gesellen schließlich auch, das Fass zu retten. Danach wurde es in einem Triumphzug in die Abtei von St. Gallen gebracht und ein großes Dankfest gefeiert.

Der große Keller

Obwohl in der Region selbst kein Weinbau betrieben werden konnte, war das thüringische Städtchen Benshausen im Mittelalter einer der bedeutendsten Umschlagplätze für Wein. Viele Überlieferungen berichten von dem großen Reichtum der zahlreichen Handelsherren und von den weitreichenden Verbindungen.
Um den Wein zu lagern sowie den Most und die jungen Weine richtig auszubauen, errichteten die Weinhändler große Keller, in denen eigene Küfer und Böttcher tätig waren. Man sagt, dass der größte Keller der Stadt so einen Umfang hatte, dass ein vierspänniger Wagen bequem darinnen wenden konnte.

Seltsame Begleiter einer Weinfuhre

Im Jahre 1831 waren am Abend vor Allerheiligen ein Glaser und ein anderer Bürger aus Durlach mit einer Fuhre Wein, die sie in der Bruchsaler Gegend gekauft hatten, wieder auf dem Heimweg. Der Mond schien hell, und die Fahrt ging gut vonstatten. Die beiden Männer liefen, in ein Gespräch vertieft, weit hinter dem Fuhrwerk her. Doch als sie zwischen acht und neun Uhr in die Nähe von Untergrombach kamen, sahen sie jenseits des Straßengrabens einen Reiter, der im Schritt neben ihnen herritt. Auffallend dabei war, dass Ross und Reiter den gleichen Federbusch trugen. Der Glaser meinte, dass einer sie foppen wollte, und sprang deshalb auf den Reiter zu. Doch als er ihm mit seinem Stock einen Schlag versetzte, traf er stattdessen einen Erlenbaum. Reiter und Ross waren im gleichen Moment verschwunden.

Voller Grauen begaben sich nun die beiden Männer zu ihrem Weinwagen. Doch bald bemerkten sie und der Fuhrmann, wieder jenseits des Grabens, eine einspännige Kutsche. In dieser saß ein Geharnischter mit Helmfedern. Sein Pferd trug ebenfalls einen Federbusch, gleich einem Leichenross. Ein Mann ging nebenher und führte es am Zügel. Später zeigte sich an Stelle dieser Kutsche eine zweispännige. Auch in dieser saß wieder der Geharnischte. Die Pferde hatten ebenfalls Federbüsche und wurden von zwei Männern geführt. Bis an die Steige oberhalb des Weingartens begleitete die Kutsche die Weinfuhre. Dort war sie dann plötzlich verschwunden und wurde auch nicht wieder gesehen.

Zwei Tage darauf wurde der Glaser krank. Da sagte er gleich, dass diese Erscheinungen seinen bevorstehenden Tod bedeutet hätten. Tatsächlich starb er nach weiteren neunzehn Tagen.

Weinpanschen ohne Folgen

Folgt der Wanderer durch das Werratal rechts hinauf der Straße nach Eschwege, so gelangt er nach einer Viertelstunde an einen dicht an der Straße, am Fuß der Talwand, hervorsprudelnden Quell. Das ist der „gesegnete Born". Gar viele Wunder sollen an dieser Stelle geschehen sein. In alter Zeit legten hier sogar die Werraschiffer an, wenn sie ihre Schiffe mit fränkischem Wein beladen hatten. Sie füllten dann mit dem Wasser aus dem gesegneten Born die Fässer nach, die sie während der Fahrt angebohrt hatten, um ihren Durst zu löschen. Man sagt, dass der Wein davon nicht dünner geworden sei, weil dieses Wasser einen Segen in sich barg.

Die Feuerstrafe

Einst zogen mehrere Fuhrleute mit Lastwagen voller Wein auf der Heerstraße von Gotha nach Frankfurt. In der beginnenden Dämmerung gelangten sie in die Nähe des Hörselberges. Dabei bemerkten sie etwas höchst Sonderbares. An einer Stelle, wo noch nie zuvor eine Höhle gesehen worden war, öffnete sich der Berg. Zugleich strahlte es darinnen wie flüssiges Eisen aus einem Schmelzofen. Neugierig traten die Fuhrleute näher heran, um zu sehen, was dies für ein Licht sei. Wie erschraken sie aber, als sie zahlreiche Menschen in dem Flammenmeer sitzen sahen. Auch kam ihnen der eine und andere dieser Menschen bekannt vor. Befanden sich doch viele von den reichen Weinhändlern unter ihnen, für die die Fuhrleute oft unterwegs gewesen waren. Die Händler erhielten hier die Feuerstrafe, weil sie in ihrem irdischen Dasein den Wein mit Wasser gemischt oder gar mit Giften versüßt hatten.
Den Fuhrleuten wurde beim Anblick der Qualen, die diese Menschen in dem Feuerschlund erleiden mussten, angst und bange. Schließlich rief einer: „Ach, dass sich Gott erbarme!“ Da verschwand die Erscheinung. Die Fuhrleute bekreuzigten sich. Dann trieben sie ihre Gäule gewaltig an, um schnell von diesem unheimlichen Ort fortzukommen

Die drei feurigen Hüte

In dem östlich von Gnotzheim gelegenen Wald, Damm genannt, lebten vor nunmehr schon geraumer Zeit drei Räuber. Es waren gar verwegene Gesellen, die sich vor nichts fürchteten. Weder Bauernhöfe noch Kirchen waren vor ihnen sicher. Auch so manche Wanderer brachten sie um ihre letzte Habe.

Einstmals erspähten sie von ihrem Ausguck einen Kaufmannszug, der auf der Straße nach Gnotzheim dahinzog und ordentliche Beute versprach. Als sie gar noch bemerkten, dass neben dem Kaufmann nur zwei Knechte den Zug begleiteten, war schnell die Untat geplant. Damit sie keiner verraten konnte, beschlossen sie zudem, alle drei Männer zu töten. Jeder der Räuber nahm sich dabei einen der Begleiter vor. An einer unübersichtlichen Stelle führten sie sodann auch die grausame Tat aus. Die Toten warfen sie danach auf den Wagen, um sie im Wald zu verscharren. So glaubten sie, dass niemand etwas von dem Raub erfahren würde, bevor sie mit der Beute auf und davon waren. Als sie an eine geeignete Stelle kamen, warfen sie die Toten einfach auf den Waldboden und durchwühlten den Wagen. Dabei fanden sie auch ein Fässlein Wein. Da sie sich sehr sicher glaubten, zapften sie es sogleich an und tranken so lange davon, bis sie mit einem tüchtigen Rausch zu Boden fielen.
Nun hatten aber die Räuber nicht bemerkt, dass auf der anderen Seite des Wagens ein junger Bursche einherging, der bei dem Überfall unbemerkt in den Wald entkommen und somit ungesehen den Rastplatz der Räubern erkunden konnte. Dieser eilte sogleich den Häusern von Gnotzheim zu. Ein Bauer, dem er den Vorfall erzählte, schickte ihn zu dem auf der Burg Spielberg lebenden Grafen. Dieser zögerte auch nicht lange, sondern zog mit seinen Knechten dem Burschen hinterher zu dem Rastplatz der Räuber. Die berauschten Räuber waren im Nu überwältigt. Da zudem die drei toten Männer und der geraubte Wagen Zeugnis genug für die schlimme Tat waren, machte der Graf kurzen Prozess und ließ die Räuber an den drei höchsten Tannen des Waldes aufhängen. Die Räuberhüte wurden zur Mahnung oben auf die Wipfel gesteckt.
Für ihre schlimmen Taten fanden aber die Räuber nach ihrem Tod keine Ruhe. An jedem Jahrestag ihres letzten Verbrechens müssen sie im Dammholz umgehen. Viele wollen schon gesehen haben, wie drei feurige Hüte über den Baumspitzen tanzen.

Die Muttergottes von Hallgarten

Die Hallgarter Muttergottes auf der Mondsichel ist um das Jahr 1420 entstanden und gilt als eines der schönsten Werke der mittelrheinischen Tonplastik. Die Gottesmutter trägt das Jesuskind auf dem linken Arm. In der rechten hat sie einen kleinen Krug, eine Scherbe, wie man im Rheingau dazu sagt, nach dem das Kind blickt. Jesus selbst hält in der einen Hand eine Traube, nach der es mit der anderen Hand greift.

Über die Entstehung der Plastik ist folgende Sage überliefert:
Ein Mann aus einem Dorf „über der Höhe“ hatte einst in Hallgarten ein Fass Wein gekauft. Die Schröter, die damals die halben oder ganzen Stücke mit 600 oder 1200 Litern aus den Weinkellern herauszuschaffen, zu schroten, hatten, um sie sodann auf die bereitstehenden Pferdewagen oder Rheinschiffe zu verladen, brachten das Fass ohne Zwischenfälle auf den Wagen des „Überhöhschen“. Nach dem Umtrunk, der einfach dazugehörte, fuhr der Mann auch sogleich los, der Heimat zu. An einer scharfen Wegbiegung stürzte jedoch der Wagen um. Zu allem Unglück bohrte sich ein spitzer Stein in eine Fassdaube, sodass der Wein munter auf den Weg sprudelte.
Der Weinkäufer wollte schier verzweifeln. Schließlich hob er die Hände gen Himmel und flehte die Muttergottes um Hilfe an. Da kam plötzlich aus dem Wald eine schlicht gekleidete, gütig aussehende Frau hervor und nickte dem Mann zu. Sie begann auch sofort, mit dem Krüglein, das sie in der Hand hielt, den ausgelaufenen Wein aufzuschöpfen und wieder in das Fass zu gießen. Als der Wein gerettet war, strich sie mit der Hand über die kaputte Daube, die sich daraufhin wieder schloss und dicht wurde. Dann fuhr sie noch dem Pferd sanft über die Mähne und zeigte nach Hallgarten.
Der Mann hatte den Hinweis verstanden. Schnell lief er zurück nach Hallgarten und holte die Schröter, die den Wagen wieder aufrichteten und das Fass hinaufschafften. Alle waren sich dabei einig, dass nur die Muttergottes das Wunder vollbracht haben konnte. Der „Überhöhsche“ stiftete aus Dankbarkeit an dem Ort, wo das Wunder geschah, eine kleine Kapelle. Zudem bestellten er und die Schröter bei einem kunstreichen Bossierer das Gnadenbild, das später in die Pfarrkirche kam. Lange Zeit versammelte sich danach die Schröterbrüderschaft auf ein bestimmtes Glockenzeichen in der Kirche und betete, bevor die Männer, durchweg „vierschrötige“ Gesellen, an ihr hartes Tagewerk gingen.

Wein für den Jüngsten Tag

Nahe Liebenstein standen einst die beiden Burgen Alt- und Neuringelstein, die jedoch bis auf wenige unscheinbare Reste verschwunden sind und deren Bewohner die Sage nur als Raubritter kennt.
Da die beiden Burgen nahe an der Weinstraße lagen, auf der das edle Nass von Franken nach dem weinarmen Thüringen gebracht wurde, raubten die dortigen Ritter weit mehr Wein, als sie zu trinken vermochten. Sie bewahrten denselben in ungeheuer großen Kellergewölben auf. Aber mit dem Verfall der Burgen verfielen auch die Türen, und die Gewölbe wurden durch die Trümmer der Burgen verdeckt. Schließlich verfaulten sogar die Dauben der Weinfässer. Dies geschah aber nicht eher, bis der Weinstein sich zu einer Kristallhaut verdichtet hatte, die den Wein nun umschließt.
Man sagt, dass der Wein bis zum Jüngsten Tag dort liegen wird. Dann wird sich der Herr dieses köstlichen Tropfens bedienen, um das Abendmahl zu halten.

Der festgebannte Weinwagen

Einstmals zog ein Fuhrmann mit einer Fuhre Wein durch Müllheim. Gut und ohne Zwischenfälle war die Fahrt bisher vonstatten gegangen. Doch als er an ein Haus kam, aus dem ein Mann höhnisch lachend herausschaute, blieben die Pferde stehen und konnten den Wagen nicht weiterbringen. Dies gelang selbst noch nicht, als andere Fuhrleute zu Hilfe kamen und auf der leicht abfallenden Straße sechs Pferde vorgespannt waren. Schließlich rief einer der Fuhrknechte: „Schlag doch die siebente Speiche aus einem Rad!“ Als das der Mann am Fenster hörte, kam er eilig auf die Straße gerannt und sagte zu den Fuhrleuten: „Das braucht ihr nicht zu machen, es geht auch so!“ Und sogleich rollte der Wagen wie von selber an.
Da war allen klar, dass der Mann hexen konnte. Hätten sie nämlich die siebente Speiche aus dem Rad geschlagen, hätte dieser ein Bein verloren.

Die Zerstörung des Raubnestes

Auf einem ziemlich hohen, steilen, schön bewaldeten Berg der Finne, im Hintergrund eines Seitentals der Goldenen Aue, liegt die Ruine der Burg Rabinswald, die ihren Namen von dem adligen Geschlecht der Rabin erhalten haben soll. Lange Zeit übten die Herren der Burg die Wegelagerei in einer gar entsetzlichen Weise aus. Dies war freilich auch sehr lohnend, denn unten im Tal zogen auf der alten Handelsstraße nach Leipzig fast täglich Kaufleute mit Geld oder Waren einher. Um dem Treiben Einhalt zu gebieten, wurde dieses Raubnest daher auch durch Rudolf von Habsburg eingeschlossen und hart belagert. Aber die zahlreiche und wohlgerüstete Besatzung hatte sich so reichlich mit Vorräten aller Art versehen und wehrte sich so sehr, dass der Kaiser unverrichteter Dinge wieder abziehen musste.

Was jedoch mit Gewalt nicht gelungen war, das gelang später mit List. Ein Bürger von Nordhausen, der teils wegen seiner Verschlagenheit, teils aber auch wegen seiner roten Haare der schlaue Fuchs genannt wurde, fasste einen wohl überlegten Plan zur Gewinnung der Feste. Er belud mehrere Wagen mit großen Weinfässern, in denen er jedoch anstatt des Weins Bewaffnete verborgen hatte. Dann fuhr er in der Tracht eines wohlhabenden Kaufmanns unweit der Burg talwärts. Kaum hatten die Raubgesellen den Wagenzug bemerkt, so fielen sie auch schon über ihn her und brachten ihn mit Ladung und Mannschaft nach Rabinswald. Der Burgherr fragte dort in Erwartung eines hohen Lösegeldes den vermeintlichen Kaufmann, wie er denn sterben wolle. Da meinte dieser, dass er sicher nicht selber darüber zu befinden habe. Doch möge man ihm vor seinem Tode noch als letzte Bitte gewähren, dass er sein treues Faustrohr zum letzten Male zum Fenster hinaus abfeuern dürfe. Arglos bewilligte der Raubritter die Bitte des Gefangenen. Aber kaum war der Knall im Burghof vernommen worden, verließen die Insassen der Weinfässer ihr Versteck und drangen mit ihren Schwertern auf die nichts ahnende Burgbesatzung ein. Erstaunt über das Kampfgetümmel eilte der Burgherr in den Hof. Hier fiel auch er in die Hände seiner Feinde. Hierauf ließ der schlaue Fuchs die Burg noch bis zur Unbrauchbarkeit zerstören und kehrte dann mit reicher Beute nach Nordhausen zurück.

Doch war vielfach bei der Zerstörung manch einer Burg tatsächlich Wein im Spiele. So wird erzählt, dass die auf dem Quintberg an der Mosel gelegene Burg erst dann erstürmt werden konnte, als man nach einem vorgetäuschten Ende der Belagerung eine nur mit wenigen Begleitern versehene Weinfuhre so die Straße an der Burg entlangschickte, dass sie von der Burgbesatzung bemerkt werden musste. Die List gelang, denn die Burgmannen bemächtigten sich dieses durch die vorangegangene Belagerung so lang entbehrten Trunks. Schnell waren die Fässer geleert, und alle Krieger versanken in einen derartigen Rausch, dass gelang, was durch Belagerung vergeblich erschien: Die Burg konnte erstürmt und zerstört werden.

Heerfahrt wegen eines Fuders Wein

Die Mönche des Klosters Reinhardsbrunn beklagten sich einst beim Landgrafen darüber, dass ein auf seinem Schloss in Franken sitzender Ritter ein Fuder guten Weins, den die Klosterherren sich von Würzburg her hatten kommen lassen, unterwegs abgefangen habe. Dabei habe er nicht nur den Wein als Beute, sondern auch den Wagen und sechs Pferde, die das schwere Stückfass zogen, einbehalten.
Landgraf Ludwig ließ daraufhin den Ritter in seinem Namen auffordern, das geraubte Gut unverzüglich herauszugeben und den Mönchen unversehrt zuzustellen. Aber der Ritter dachte gar nicht daran, der Aufforderung Folge zu leisten. Doch da erhob sich der Landgraf mit seinem Gefolge, und ehe sich der Ritter versah, war sein Schloss umstellt. Schließlich wurde er so bedrängt, dass er sich ganz in des Landgrafen Gnade begeben musste. Dieser verlangte, dass der Ritter nur mit einem Hemd bekleidet und mit einem Strick um den Hals wie ein armer, büßender Sünder vor ihm erscheine. Sodann musste er noch ein blankes Schwert gegen seine bloße Kehle halten und um Gnade flehen. Zudem verlangte der Landgraf, dass der Ritter das Fuder Wein herausgibt und unverzüglich nach Reinhardsbrunn schickt. Erst als all dies geschehen war, zeigte sich Landgraf Ludwig zufrieden und zog davon.

Von der römischen Wasserleitung

Durch die ganze Eifel, von Trier bis Köln, trifft man noch auf Reste alter, von den Römern angelegter Wasserleitungen. Im Mittelalter hat man diese als gar merkwürdige Werke bestaunt. Auch war man der Meinung, dass es ursprünglich eine einzige Leitung gewesen sei, die von Trier bis Köln geführt habe. Zudem war man der Meinung, die Römer hätten diesen Kanal gebaut, um den Moselwein von Trier nach Köln fließen zu lassen.

□ Vom Genuss des Weines und von so manchen Folgen □

Das schwarze Loch im Bremer Ratskeller

Im Ratsweinkeller zu Bremen ging es in den letzten Stunden des Jahres 1561 hoch her, alle waren fröhlich und guter Dinge. Kredenzte doch der Wirt zudem noch für seine Stammgäste den allerbesten Wein, der in dem weltberühmten Keller lagerte.
Nur ganz hinten im Keller, im so genannten schwarzen Loch, saßen vier Gesellen stumm und ernst beim Würfelspiel, das sie alle miteinander leidenschaftlich liebten. Ganz entgegen seiner sonstigen Gewohnheit hatte dabei der Zimmermeister Barthold alles, was er besaß, aufs Spiel gesetzt und bereits an seine Mitspieler verloren. Nur zwei rote Heller waren ihm verblieben. Zu dem Verlust kam aber noch der Spott seiner Mitspieler. Meinten sie doch, dass bei ihm das alte Sprichwort „Glück in der Liebe – Unglück im Spiel" voll zutreffe. Als nun gar noch seine sonst so geliebte Ehefrau eintrat, um ihn abzuholen, war es mit seiner Beherrschung vorbei. Ohnehin schon fast trunken, hatte er sich noch einen großen Humpen Wein geben lassen. Wütend sprang er auf, schlug heftig auf den Tisch und rief, dass ihn der Teufel holen solle, wenn er jetzt mit heimgehen würde. Da er alles verloren habe, müsste er weiterspielen – und sei es mit den Toten.
Das war sogar für die anderen Spieler zu viel. Gemeinsam versuchten nun auch sie, den Zimmermeister zum Nachhausegehen zu bewegen. Aber es war umsonst! Er beharrte darauf, dass das Spiel fortgesetzt werde. Wenn er auch kein Geld mehr habe, dann wolle er sein Leben als Pfand setzen. „Und wenn ihr es mir nicht abgewinnen wollt, so will ich es an die Toten verspielen!"
Als vom Ansgariturm der Beginn des neuen Jahres verkündet wurde und alle anderen Gäste Trinksprüche und Glückwünsche aussprachen, hatte Barthold seine Beschwörung gerade zum dritten Male ausgesprochen. Da war es im schwarzen Loch plötzlich unheimlich still geworden. Die Frau des Zimmermeisters war ohnmächtig zu Boden gesunken, und die anderen Spieler hatten sich entsetzt in eine

Wandnische gedrückt. Da öffnete sich auch schon unmittelbar vor dem Spieltisch der Fußboden, und ein Totengerippe nach dem anderen stieg daraus hervor. Schließlich waren es so viele, dass das schwarze Loch gar nicht alle zu fassen vermochte. In ihren knochigen Händen hatten sie Würfel aus Totengebeinen, die sie unter schaurigem Klappern und grässlichen Grimassen zu schütteln begannen. Dem Wahnsinn nahe, starrte der Zimmermeister auf das grausige Spiel. Da trat auch schon eine von den Gestalten an Barthold heran und forderte ihn auf, mit ihnen zu spielen. Ein Gerippe nach dem anderen nahm nun die Würfel, aber alle hatten nichts geworfen. Als die Reihe an Barthold kam, sagte die zuerst aus dem Loch gestiegene Gestalt: „Seht, ihr könnt viel gewinnen! Diesen Diamantring setze ich. Und ihr wisst doch, was die Toten geben, das macht unsterblich! Früher habe auch ich an diesem Ort manch ein Spiel gewagt und dabei viel gewonnen. Aber das ist nun für ewig vorbei, denn alle wie wir hier versammelt sind, können nichts mehr gewinnen – aber auch nichts mehr verlieren! Doch wenn man uns ruft, so kommen wir."

Das Totengerippe raffte nach diesen Worten die Würfel zusammen und reichte sie Barthold. Dessen Frau war in diesem Moment aus ihrer Ohnmacht erwacht und flehte ihn an, um Gottes willen nicht zu spielen. Die anderen drei Spieler vermochten zu diesem grausigen Spiel kein Wort hervorzubringen, sondern drückten sich noch fester in ihre Ecken. Seiner Sinne nicht mehr mächtig, ergriff jedoch Barthold die Würfel der Toten, schüttelte sie in seiner Hand und warf sie auf den Tisch. Da war plötzlich aus der Tiefe ein schauriges Hohngelächter zu hören. Zugleich riefen alle Toten: „Nichts!" Darauf wurde es unheimlich finster und totenstill.

Als man auf das Rufen der anderen drei Spieler schließlich ein Licht brachte, war der Zimmermeister verschwunden. Seine Frau war dem Wahnsinn verfallen, aus dem sie auch nicht wieder erwachte. Die drei anderen aber nahmen so lange sie lebten kein einziges Mal mehr einen Würfel in die Hand.

Das schwarze Loch im Bremer Ratsweinkeller wurde zwar danach auf obrigkeitlichen Befehl zugemauert, aber in der Neujahrsnacht war auch später ein seltsames Rumoren und Pochen darinnen zu vernehmen.

Die drei Zecher zu Bullay

Auf der Kirchweih von Bullay ist schon seit uralten Zeiten viel getrunken worden. Aber ein Erlebnis hat dennoch alle so beeindruckt, dass es noch lange danach in aller Munde war:
Im Jahre 1300 besuchte Friedrich von Hattstein, Feldhauptmann zu Limburg an der Lahn, die Bullayer Kirchweih. Dieser Mann zeichnete sich durch gar gewaltige Leibeskräfte aus. Um sich vor allen Leuten zu brüsten, hob er ein volles Ohmfass in die Höhe und trank aus dem Spundloch. Dies konnten jedoch zwei der Hiesigen nicht mit ansehen. Man sagt, der eine sei ein Veef und der andere sei von Aldegund gewesen. Beiden schien es gegen die Moselehre zu sein, dass ein Fremder die Einheimischen so aussteche. Deshalb griffen auch sie jeweils zu einem Ohmfass voller Wein, hoben es in die Höhe und ließen aus dem Spundloch den Wein in ihre Kehle strömen. Und das dauerte fort! Abwechselnd tranken nun die drei Zecher aus den Fässern. Dabei trank der eine auf das Wohl der Äbtissin von der Marienburg, der andere auf den Kurfürsten und der dritte auf den Römischen Kaiser deutscher Nation. Allerdings verschweigt die Sage, wie viel Wein dabei durch die Kehle der drei Zecher floss.

Das Ebernacher Rezept

Nach Ebernach, einem malerischen Flecken am Fuße der Moselberge, hatte sich im Jahre 1327 der Leibarzt des Mainzer Erzbischofs Matthias zurückgezogen. War doch der Erzbischof ein äußerst abergläubischer Mensch, der sich ganz besonders vor einer Sonnenfinsternis fürchtete. Da nun seine Astrologen eine solche für die nächste Zeit vorausgesagt hatten, wollte er von seinem Leibarzt auf alle Fälle eine Medizin, die ihn vor den Folgen der Sonnenfinsternis schützen würde.
Der Arzt wusste sich auch keinen Rat. Eines Abends saß er nun wieder in einer Ebernacher Weinlaube. Sinnend über die ihm gestellte Aufgabe, trank er Schoppen um Schoppen vom Moselwein. Da kam ihm der rettende Einfall: Dieser herrliche Moselwein ist doch die beste Medizin gegen jedes Übel! Seinem Herrn verordnete er daraufhin drei Schoppen guten Moselweins vor Einbruch der Dunkelheit

und drei Schoppen danach. Dieser befolgte auch den Rat, fühlte sich wunderbar gestärkt und fortan gegen alle Auswirkungen der Sonnenfinsternis und alle Einflüsse der Planeten gefeit.

Wie Dr. Faust zu Erfurt Wein herbeischaffte

Ab und zu war Faust in Erfurt bei einem Stadtjunker zu Gast, der in der Schlossergasse wohnte. Nun trug es sich zu, dass dieser Junker einmal viele gute Freunde zum Abendessen bei sich hatte, während Faust in Prag weilte. Die Gesellschaft war lustig und ausgelassen, aber einer der Gäste bedauerte laut, dass Faust nicht da sei. Da klopfte jemand stark an die Haustür. Als man nachsah, stieg Dr. Faust gerade vom Pferd und begehrte Einlass. Als man ihn nun fragte, wie er denn so rasch nach Erfurt gekommen sei, antwortete er: „Das verdanke ich meinem guten Pferd. Weil ihr mich so gern bei euch haben wolltet, bin ich rasch hergekommen. Ich darf aber nicht allzu lange bleiben. Denn vor Tag muss ich wieder in Prag sein."
Mit dieser Antwort gaben sich alle zufrieden und fingen wieder zu essen und zu trinken an, was auch Dr. Faust gar wohl behagte. Er trieb zudem allerlei Possen und fragte die Gäste, ob sie nicht einen fremden Wein versuchen wollten, etwa einen Malvasier, einen spanischen Wein oder einen Tropfen vom Rhein. Die Gesellschaft antwortete lachend: „Diese Weine sind alle gut!" Da ließ sich Faust einen Bohrer geben und machte damit Löcher in die Tischplatte. Danach verstopfte er diese wieder mit kleinen Pfropfen, nahm frische Gläser und zapfte aus dem Tisch die erwähnten Weine. Dann trank er mit der ganzen Gesellschaft lustig fort.

Die Erfindung des Gänseweins

Auf waldumrauschter Kuppe,
In ewigem Sonnenglanz,
Da stand die fröhlichste Schenke,
Sie hieß die Schenke zur Gans.

Es war in der fröhlichen Schenke
Die fröhlichste Kellnerin;
Wem einmal sie gewunken,
Dem war sein Herz dahin.

Es gingen die Herren Studenten
Schon lange nicht mehr in's Kolleg:
Wohl lockte zur Waldesspitze
Vergnüglicher Weg und Steg.

Sie guckten am schönen Mägdlein
Sich fast die Augen aus –
Da sprach zuletzt die Schenkin:
„Bei Gott, bald wird's zu kraus!

Mir lassen die leidigen Bursche
Bei Tag und Nacht nicht Ruh';
's ist Zeit, daß ich dem Wesen
Recht gründlich Einhalt thu'.

Zu stark wirkt wohl mein Leisten?
So gieß' ich Wasser hinein!" –
Da gab's im Frankenlande
Den ersten Gänsewein;

Und weil den Wirthen allen
So trefflich behagt das Gemisch,
Fand bald man den edlen Gänsewein
Auf jedem Wirtshaustisch. -

Die Herren Studenten zogen
Getreulich den lieben Gang,
Die Alten aber zürnten
Und drohten mit Galgen und Strang;

Und hätten nicht die Bursche
So ächt und ehrlich geminnt,
Es wär' als Hexe verdorben
Das schöne, gefährliche Kind.

Da hat ein böser Professor
Die arme Schenkin verflucht,
Daß sie, gar bald gestorben,
Umsonst nach Ruhe sucht. –

Noch wandelt das liebliche Mädchen,
Laut klagend in jeder Nacht;
Es hat kein sonniger Morgen
Der Armen Erlösung gebracht.

Erst dann wird sie erlöset,
Wenn auf und ab den Main
Kein Wirth mehr mit schnödem Wasser
Vermählt den edlen Wein,

Wenn keine verliebte Schenkin
Mit den Burschen mehr freundlich thut
Und heimlich in stiller Kammer
Beim jungen Herzliebsten ruht.

Du guter Gott im Himmel,
Wann aber wird das gescheh'n?
Ich glaube, die schöne Schenkin
Muß ewig wandeln geh'n.

Alexander Kaufmann (1853)

Die Bäuerin zu Frohnau

In den dreißiger Jahren des 16. Jahrhunderts schüttete eine der Silbergruben im erzgebirgischen Cunnersdorf eine hohe Ausbeute. Zu dieser Zeit gehörte ein Teil dieser Grube einer Bäuerin aus Frohnau. Durch den großen Geldsegen wurde sie in kurzer Zeit sehr reich. Sie vermochte jedoch nicht, mit dem Glück mäßig zu sein, sondern trieb allerlei Unfug und Verschwendung. So badete sie täglich im teuersten Wein, den sie auftreiben konnte. Anschließend gab sie ihn, mit Semmelbrocken vermischt, den Armen zu trinken. Da diese nicht wussten, was die Bäuerin zuvor damit gemacht hatte, verzehrten sie die Gabe mit großer Lust und dankten der reichen Geberin vieltausendmal für die köstliche Erquickung.
Als sie aber schließlich doch von der Badegeschichte erfuhren, ekelte es sie, und sie warfen der übermütigen Bäuerin die Fenster ein. Auch sangen sie Spottlieder auf sie, sodass sie sich nicht mehr öffentlich sehen lassen konnte. Darüber hinaus hat sie auch den Himmel durch ihren gottlosen Frevel erzürnt, denn der Bergsegen kam bald darauf zum Erliegen.

Ein Hallenser Weinhaus in unguter Erinnerung

In der alten Hallorenstadt Halle befand sich vormals in der Ritterstraße ein berühmtes Weinhaus, Der Rosenbaum genannt. Aber sein Ruf hat sich nicht durch den guten Wein erhalten, sondern vielmehr durch Streit, Mord, Totschlag und andere Untaten mehr. So soll im Keller des Weinhauses einst eine Frau erschlagen worden sein, deren Mörder nie gefasst wurde. Auch erzählt man, dass sich im Rosenbaum eine Frau erhängt habe, die nach ihrem Tode jedoch keine Ruhe fand und fortan in dem Gebäude umging.
Besonders schlimm war es jedoch, als im Dreißigjährigen Krieg einige kaiserliche Kürassiere des Heydauschen Regiments im Weinhaus eingekehrt waren. Bekamen diese doch alsbald Streit mit ebenfalls anwesenden Halloren. Dabei von den Halloren übermannt, schlugen die Kürassiere wiederum drei Halloren nieder, die sie unterwegs trafen. Der Streit zog daraufhin immer größere Kreise und gefährdete

schließlich die ganze Stadt. Nur durch den Rat der Stadt konnte größeres Unheil abgewendet werden, das seinen Ursprung letztlich in dem zu viel genossenen Wein genommen hatte.

Der Weinbrunnen zu Ingelheim

An der Nordseite der Ingelheimer Kaiserpfalz liegt die Plötzmühle. Dort entspringt eine Quelle, die als Röhrbrunnen gefasst ist. Von dieser wird gar manch Sonderbares erzählt. Vor allem hat sich in der Überlieferung der Glaube erhalten, dass derjenige, der in der Weihnachtsnacht zur Mitternachtsstunde aus dieser Quelle trinkt und nicht dabei spricht, Wein erhält.

Nun lebte einst ein Mann in dieser Gegend, der an den Erzählungen über den Weinbrunnen zweifelte. Als er deshalb der Sache auf den Grund gehen wollte, floss zu der bewussten Zeit tatsächlich Wein aus dem Brunnen. Davon war er so überrascht, dass er murmelte: „Wahrhaftig, es fließt wirklich Wein!“ Doch da war auch schon der Weinsegen versiegt, und aus dem Brunnen floss Wasser wie an den übrigen Tagen des Jahres.

Lehre für die Mönche

Der Fürstabt von Fulda hatte erstmals ein Fläschchen mit der von den Mönchen gekelterten Edelfäule probiert. Da ihm dieser Wein so gut wie keiner bisher schmeckte, wollte er sofort selbst an den Rhein reiten, um sich eine gehörige Menge dieses köstlichen Tropfens zu sichern. Da aber dieser Wein eigentlich als Strafe für die Mönche gedacht war[7], hatte sich der Fürstabt, klug wie er war, zugleich etwas ausgedacht, um den durch das unerwartete Ergebnis aufkeimenden Übermut der Mönche zu dämpfen.

So besah er sich zunächst erst das klösterliche Anwesen, befand auch alles in Ordnung und äußerte seine Zufriedenheit. Dann lud er alle zur Abendtafel. Nach dem Essen hielt der Fürstabt eine kleine Rede. Dabei sagte er: „Der Wein erfreut des Menschen Herz. Das hat, wie ihr, liebe Brüder, wisst, der fromme König David gesagt. Ihr habt

euch mit der Hilfe Gottes um den Wein verdient gemacht. Darauf wollen wir trinken. Doch zuvor lasst uns beten, wie es sich gehört. Hole jeder sein Brevier hervor . . .!"
Da blickten sich die Brüder verwundert an. Gewiss hatte ein jeder von ihnen ein solches Gebetbuch. Aber das trug man doch nicht in der Kutte bei sich. Es lag vielmehr in der Zelle und wurde nur an den Sonn- und Feiertagen benutzt. Der Fürstabt lächelte über die Verlegenheit der Mönche und meinte: „So, euer Brevier habt ihr nicht dabei? Nun lassen wir das!" Danach ließ er sich vom Kellermeister eine verschlossene Flasche des von ihm ausgewählten Weins bringen. Verlegen nestelte er sodann an seinem Gewand und rief: „Einen Stöpselzieher hätte ich wahrlich mit an den Rhein nehmen müssen! Aber vielleicht kann mir einer aushelfen?"
Doch kaum war das Wort von seinen Lippen, da hatte er ebenso viele Stöpselzieher vor seinen Augen, wie Mönche ihn umgaben. Da sagte er lachend: „Mir scheint, dass ich hier nicht von Bet- sondern von Weinbrüdern umgeben bin!" Doch dann gebot er, allen einzuschenken, und trank mit ihnen auf das Wohl des Königs David.

Das Pagenbett auf der Festung Königstein

Jedem Besucher der Festung Königstein wird das so genannte Pagenbett gezeigt. Dieses ist ein schmales, kaum ellenbreites Gesims an der äußeren Festungsmauer, hinter der Friedrichsburg gelegen. Mit ihm hat es folgende Bewandtnis:
Carl Heinrich von Grunau, Leibpage des Kurfürsten Johann Georg II., stieg eines Nachts im Rausch zu einer Schießscharte hinter der Friedrichsburg hinaus und legte sich auf dem schmalen Absatz hin. Dort wurde er am anderen Morgen, immer noch schlafend, gefunden. Sogleich warf man Seile um ihn, damit er nicht abstürze. Dann wurde er auf Befehl des Kurfürsten mit Trompetengeschmetter geweckt. Als Grunau nun merkte, wo er sich befand, war ihm der Schrecken deutlich anzusehen. Doch ging dieses Erlebnis ohne weiteren Schaden für ihn aus.
Übrigens muss dieser Grunau, der im hohen Alter in Bautzen starb, einen besonderen Schutzengel gehabt haben. Wurde er doch später

abermals wunderbar vor dem Tod bewahrt, als sein Pferd scheute und mit ihm von der Elbbrücke zu Dresden über das Geländer in das hochgehende Wasser sprang.

Eine sonderbare Stiftung

Während des Dreißigjährigen Krieges verbrachte der sächsische Kurfürst Johann Georg I. einige Zeit auf dem kurfürstlichen Weinberg der Hoflößnitz. In dieser Zeit liebte er es, sehr viel Wein zu trinken. Seiner Gemahlin war dies gar nicht recht. Doch getraute sie sich nicht, dem Kurfürsten deshalb Vorhaltungen zu machen. So ersuchte sie eines Tages den Pastor von Kötzschenbroda M. Augustin Prescher, doch einmal von der Kanzel herab eine Mahnung an den allergnädigsten Herrn ergehen zu lassen. Zwar fand dieser die Sache ebenfalls bedenklich, doch ließ er sich dazu überreden. Bald darauf sprach er in seiner Predigt über die traurigen Folgen der Schwelgerei und der Trunksucht. Er schloss mit den Worten: „Unser gnädigster Herr trinkt zwar auch, aber er hat es dazu, und es bekömmt ihm! Amen."

Nach der Predigt bekam der Pastor eine Einladung zur kurfürstlichen Tafel. Nun wurde ihm wegen dieser Ermahnung doch bang. Der Kurfürst ließ ihn auch lange im Ungewissen. Erst am Schluss der Tafel sagte er: „Herr Pastor, heute hat er mir auch eins auf den Pelz gebrannt!" „Ei", erwiderte da der Pastor, „das sollte mir Leid tun, wenn es bloß den Pelz getroffen hätte und nicht das Herz!" Auf diese offene Sprache meinte der Kurfürst: „Herr Pastor! Er ist ein ehrlicher Mann. Wären doch alle Geistlichen in meinem Land von dieser Art! Bitte er sich eine Gnade bei mir aus!"

Der Pastor hatte jedoch Bedenken, sich wegen seiner Rede etwas zu wünschen. Da meinte der Kurfürst zu dem Pastor, dass seine Dienstnachfolger alljährlich 49 $^{3}/_{4}$ Kannen Wein aus seiner Kellerei erhalten sollten. „Denn 50 Kannen werden zu viel sein!"

Dieses Deputat wurde auch fortan dem jeweiligen Pastor zu Kötzschenbroda als Stiftung verabreicht und soll erst im vergangenen Jahrhundert wieder abgeschafft worden sein.

Wie Eulenspiegel einem Weinzapfer eine Lehre erteilte

Als Eulenspiegel in Lübeck weilte, ärgerte er sich maßlos über einen eingebildeten Weinzapfer im Ratskeller. Hielt sich dieser doch für so klug und weise, dass er jedem verkündete, ihn könne keiner über das Ohr hauen. Wegen dieser Angeberei wurde er zwar auch von den Stammgästen nicht sehr geschätzt, es war ihnen aber ebenso noch nicht gelungen, den Weinzapfer einmal so richtig zu blamieren.
Nun war zwar Eulenspiegel darum bemüht, sich in Lübeck wegen der ansonsten drohenden Strafen gebührlich zu benehmen. Doch fühlte er sich durch die geheimen Wünsche der Stammgäste auch herausgefordert. Deshalb dauerte es nicht mehr lange, bis er mit seiner Schalkheit nicht mehr an sich halten konnte. Er besorgte sich zunächst zwei Kannen, die sich zum Verwechseln ähnlich waren. Bevor er damit zu dem Weinzapfer ging, füllte er eine davon mit Wasser und verbarg sie unter seinem Rock. In die zweite ließ er sich sodann Wein füllen. Er nahm die Kanne von der Bank und fragte nach dem Preis. Verblüfft starrte da der Zapfer Eulenspiegel an. Kam dieser doch nun schon einige Zeit in den Ratskeller und kannte die Preise. Weil aber Eulenspiegel keine Miene verzog, sondern nur schnell unter der Bank die beiden Kannen vertauschte, forderte er die üblichen zehn Pfennige. Da erwiderte Eulenspiegel: „Das ist doch viel zu teuer! Für diesen dünnen, sauren Wein biete ich sechs Pfennige und keinen einzigen mehr!“
Der Zapfer verfärbte sich krebsrot. Voller Zorn sagte er zu Eulenspiegel: „Seit wann wird denn im Ratskeller um den Preis gefeilscht! Zehn Pfennige oder zurück mit dem Wein!“ Eulenspiegel stellte daraufhin die Kanne mit dem Wasser auf die Bank, der Zapfer nahm sie und goss den Inhalt zurück in das Weinfass. Dabei zitterte seine Hand, weil ihm solch eine vermeintliche Frechheit noch nicht vorgekommen war. Er beschimpfte noch Eulenspiegel: „Was bist du für ein Tor! Lässt dir Wein geben und kannst ihn nicht bezahlen!“
Doch Eulenspiegel nahm lachend die leere Kanne entgegen und erwiderte: „Was bist du für ein Tor, dass du dich von einem vermeintlichen Toren über das Ohr hauen lässt! Mit deiner Klugheit scheint es auch nicht weit her zu sein!“
Daraufhin verließ er den Ratskeller; die leere Kanne in der Hand und die mit Wein gefüllte unter dem Rock.

25 badische Maß sind nicht genug

Einer der letzten Komture der Insel Mainau lud einst einen Lastträger aus Konstanz zu sich ein, der wegen seines großen Durstes bekannt war. Wollte er sich doch überzeugen, ob alles wahr sei, was man sich über den Durst dieses Mannes erzählte. Der Komtur ließ dazu neben den Stuhl des Konstanzers ein Gefäß stellen, das 25 badische Maß fasste, und mit Wein füllen. Dieses trank der Lastenträger während des Mahls ganz nebenbei mit aus.
Ohne auch nur zu wanken begab er sich danach über den schmalen Steg wieder nach Hause. Im Gasthaus Stern zu Petershausen, das ihm auf seinem Weg gar so einladend entgegenblinkte, kehrte er sogar nochmals ein. Dabei beklagte er sich bitter, dass der Komtur seinen Gästen nicht einmal genug Wein zu trinken gäbe.

St. Benno verwandelt Wasser in Wein

Als einst während der Erntezeit St. Benno in der Meißner Gegend durch die Felder ging, kam er an einer Gruppe von Schnittern vorbei, die von der Hitze und der schweren Arbeit ermattet waren. Dem Bischof taten die Männer Leid. Ohne ein Wort zu verlieren, verwandelte er das sich in deren Krügen befindende Wasser in Wein. Als die Schnitter davon kosteten, fanden sie zu ihrer großen Freude einen gar wohlschmeckenden Wein in den Gefäßen, der sie erfrischte und stärkte, ohne sie trunken zu machen.
Einer von des Bischofs Leuten aber hatte dieses Wunder bemerkt. Er wollte nicht hinter seinem Herrn zurückstehen. Als sie zu einer nächsten Gruppe kamen, nahm er eines der Holzgefäße und sagte zu den Knechten: „Seht her, ich will euch wie mein Herr das Wasser in Wein verwandeln!" Dann schlug er ein Kreuz über den Krug. Um seines Heiligen willen bewirkte Gott wiederum dieses Wunder.
Manche Erzähler meinen nun, dass auch fortan der gesamte Meißner Wein sich dieses großen Wohlgeschmacks und der ausgezeichneten Bekömmlichkeit erfreuen würde.

Betrügerische Wirte müssen nach ihrem Tode umgehen

Zahlreich ist die Palette der Sagen, in denen Wirte, die ihre Gäste mit gepanschtem Wein oder mit falschem Maß betrogen und damit zu Lebzeiten recht gut „leben“ konnten, nach ihrem Tod doch noch ihre verdiente Strafe bekamen.

So lebte vor geraumer Zeit in Miltenberg im Gasthaus Zum Engel ein Wirt, der Wasser unter den Wein mischte und ihn so verfälscht seinen Gästen reichte. Immer wenn er einschenkte murmelte er dabei vor sich hin: „E Schöpple Wein und e Schöpple Wasser gibt auch ’n Schoppen.“

Als der betrügerische Wirt gestorben war und sich die Trauergäste vor dem Haus um den Sarg versammelt hatten, bemerkte einer, dass der verstorbene Wirt zum Fenster herausschaute. Da hatten es alle eilig, den Weinpanscher unter die Erde zu bringen. Dachte man doch, dass so der Geist zur Ruhe kommen würde. Aber man hatte sich getäuscht! Jede Nacht rumorte es fortan unheimlich in der Dachkammer des Wirtshauses. Wurde es dann still, konnten die atemlos horchenden Gäste eine dünne Stimme hören, die fortwährend rief: „E Schöpple Wein und e Schöpple Wasser gibt auch ’n Schoppen!“ Da grauste es die Gäste und schließlich mieden sie das unheimliche Haus.

Doch dann kam ein neuer Wirt. Dieser rief einen Geisterbanner, der den Geist des betrügerischen Wirts in einen Tonkrug bannte, den er fest zupfropfte. Dann brachte er diesen auf den Steinertberg, wo er ihn unter einem Felsen abstellte. Damit war wieder Ruhe und Frieden in dem Gasthaus Zum Engel eingekehrt.

Einmal kam aber ein Mann aus Eichenbühl an jenem Felsen vorbei. Er sah den Krug, zog den Stöpsel heraus und blickte hinein. Da fuhr unter schrecklichem Geheul der Geist heraus. Er forderte den Mann auf, ihn sofort wieder in das Gasthaus Zum Engel zu tragen. Der Eichenbühler befolgte dies auch, nachdem der Geist wieder in den Krug gekrochen war. Er verschloss den Krug noch und stellte ihn im Gasthaus unter die Bank. Dort wurde er aber bald darauf entdeckt. Der Wirt ließ ihn nun schnell wieder auf den Steinert zurückbringen. Seitdem hat man Ruhe vor dem Geist.

Ein Wirt aus Münzesheim hatte es zu Lebzeiten ebenfalls nicht fertig gebracht, den Wein unverfälscht auszuschenken. Zur Strafe dafür muss er nach seinem Tod an der Markgrafenhalde, an der Grenze zwischen Münzesheim und Unteröwisheim, umgehen. Viele, die nachts zwischen der elften und der zwölften Stunde dort vorbeimussten, haben die Rufe vernommen: „Ein Schoppe Wein un zwei Schoppe Wasser git au e Maß!“

Von einem besonders schlimmen Wirt und von dessen Bestrafung erzählt die folgende Sage:
Die Löwenwirtschaft in Oberstdorf hatte vor langer Zeit einmal einen Wirt mit einer üblen Gewohnheit: Er hielt beim Einschenken immer den Daumen weit in das Trinkgeschirr. „Damit es a güets Maß git“, pflegte er stets dazu zu sagen. Auf diese Weise ersparte er mit der Zeit viel Wein und Bier. Sein Weib jedoch war eine rechtschaffene Frau und hielt ihm sein Treiben unentwegt vor. Einmal werde er dafür büßen müssen, warnte sie ihn. Der Wirt aber lachte nur darüber und meinte: „Hundert Daume san au a Maß!“
So kam es wie es kommen musste, zur Strafe für den Betrug musste der Löwenwirt nach seinem Tode wirklich umgehen. Mit einem riesigen Krug im Arm schlurfte er in den geräumigen, zwei Stockwerke übereinander liegenden Kellern, in denen die Wein- und Bierfässer in langen Reihen lagerten, umher. Bald machte er sich im Kellerhals, bald unter der Stiege zu schaffen. Vor allem aber sah man ihn mit seiner Knochenhand an den Spunden der Fässer hantieren. Immer wieder versuchte er dabei, seinen brennenden Daumen, mit dem er einst die Gäste betrogen hatte, im Nass der Fässer zu kühlen. Und wenn es ihm nicht gelang, den Daumen in das Spundloch zu stecken, brannte er sogar Löcher in die Fässer, um an das kühlende Nass zu kommen. Da durch diese Löcher aber dann stets der Inhalt der Fässer auslief, wären die späteren Wirtsleute fast um ihr gesamtes Hab und Gut gekommen. So riefen sie schließlich in ihrer Not einen Kapuziner aus Immenstadt herbei, der den Geist des betrügerischen Wirts bannte.

Vom Alter der Straußwirtschaft

Der Überlieferung nach wurden unter Karl dem Großen bereits zu Beginn des 9. Jahrhunderts die Rebflächen in ganz Deutschland stark erweitert. Gleichzeitig räumte der Kaiser den Winzern das heute noch übliche Recht ein, während einer Zeit von drei Monaten ihre eigenen Erzeugnisse an jeden auszuschenken, der bei ihnen vorspricht. Dies gilt als Geburtsstunde der Straußwirtschaft.

Der Dudelsackpfeifer entkommt dem Tod

Im altehrwürdigen Nürnberg befand sich der Weinschenke Zum schwarzen Adler gegenüber, am so genannten Färbersbrücklein, in früheren Zeiten eine Freskomalerei. Diese stellte einen Mann mit einem Dudelsack dar. Zwar verschwand die Malerei, als man das Haus mit einem neuen Anstrich versah, aber die Sage, die sich daran knüpfte, überdauerte die Zeiten.

Zu Beginn des 15. Jahrhunderts wütete in ganz Europa die Pest, die viele Dörfer und gar manche Stadt regelrecht entvölkerte. Während dieser Zeit lebte in Nürnberg ein Musikant, der mit seinem Dudelsack bei allen Gelegenheiten aufspielte. Zugleich hatte er es in der Kunst des Trinkens zur absoluten Virtuosität gebracht. Er spielte und trank von früh bis spät, und selbst das Wüten der Pest brachte ihn nicht zur Besinnung. Ja, er trieb es womöglich noch ärger als zuvor. Zu seinen Zechbrüdern meinte er nur: „Solange wir mit dem Dudelsack zum Totentanz spielen, solange tanzen wir nicht selber mit. Also nur immer lustig und frisch drauf los!“

Aber es fehlte nicht viel, und der Sensenmann hätte ihn doch bald geholt. Denn eines Nachts blieb er voll wie sein aufgeblasener Dudelsack mitten auf der Straße neben seinem Instrument liegen. Kurz darauf fuhr der Pestwagen, der die tagsüber Gestorbenen aus der Stadt brachte, an dem Musiker vorüber. Da der Mann wie tot dalag, hielt man ihn für einen Pesttoten und lud ihn mit seinem Dudelsack auf den Wagen zu den anderen Toten.

Aber das Rütteln des Wagens weckte den Musiker allmählich aus seinem Schlaf. Doch welch ein Entsetzen erfasste ihn, als er sich in so grauenhafter Gesellschaft wieder fand! Der Schreck lähmte seine Zunge, sodass er nicht rufen konnte. Auch vom Wagen zu springen war ihm unmöglich, da ihm die Beine den Dienst versagten. Da erschien ihm in seiner Angst der Dudelsack als letzte Rettung. Er spielte so kräftig, dass es weithin schallte. Aber es war keine lustige Weise wie sonst, sondern ein frommes geistliches Lied.

Anfangs achtete der Fuhrmann nicht auf diese Töne, glaubte er doch, dass sie aus einem der Häuser kamen, wo man einen Verstorbenen beklagte. Als aber die Töne immer lauter und schriller durch die Nacht klangen, stieg er letztlich doch voller Grauen von seinem Pferd herab. Da sah er den Musikant quer über dem Haufen der Toten sitzen. Dieser beschwor den Fuhrmann, ihn doch von seinem Sitz herunterzuhelfen. Er wisse wirklich nicht, wie er auf das Fuhrwerk gekommen sei. Der Fuhrmann, der es wohl wusste, half dem Mann

herunter und fuhr seines Weges weiter. Dabei dachte er, dass er ihn wohl oder übel in den nächsten Tagen den Rest des Weges noch mitnehmen werde.
Aber der Musikant blieb gesund und frisch und überstand den ganzen Pestjammer. Doch soll er sich das übermäßige Trinken abgewöhnt haben, soweit es bei seiner Profession möglich war. Zumindest soll er nie wieder in einer Straßenrinne übernachtet haben.

Eine ähnliche Sage ist auch aus dem mittelalterlichen Saalfeld überliefert:
Im Jahre 1506 hatte hier die Pest über 1500 Menschen dahingerafft. Da der Gottesacker für all die vielen Toten nicht mehr ausreichte, hatte man bei der in einem der Vororte gelegenen Gertrudiskirche eine Grube ausgehoben, in die man die Toten warf. Aus Vorsicht wurde zwar während der Nacht die Grube mit Brettern abgedeckt, aber sie wäre einem Dudelsackpfeifer dennoch fast zum Verhängnis geworden.
Denn als dieser einst trunken von dem genossenen Wein über die Bretter wankte, glitt er aus und fiel in die Grube. Als er aber inmitten der Toten erwachte, war das Grauen groß. Wusste er doch überhaupt nicht, wie er in diese Gesellschaft gekommen war. Als er nun gar nicht mehr ein noch aus wusste, auch nicht selbt aus der Grube herauskonnte, griff er zu seinem Instrument und spielte kräftig drauf los. Da gab es natürlich unter den Anwohnern einen großen Schrecken, als sie die Klänge aus der Pestgrube vernahmen. Meinten sie doch, dass ein Gespenst zum Totentanz aufspielt. Aber schließlich kam man der Sache doch auf den Grund und half dem Dudelsackpfeifer aus der Grube. Und sicher nur durch den vordem getrunkenen Wein soll er sein schreckliches Erlebnis überstanden und danach noch viele Jahre gelebt haben.

Die ungetreuen Gemeinderäte

Vor etlichen Jahren hatten die Odenwälder Gemeinden Reichenbach und Bensheim einen Prozess über eine schöne Waldung geführt, die genau zwischen den beiden Orten lag. Als sich aber der Prozess immer weiter hinzog und nur die Advokaten ihren Vorteil davon hatten, beschloss man, die Sache selbst in die Hand zu nehmen. Auf dem

Rathaus zu Bensheim sollte die Angelegenheit durch einen Schiedsspruch entschieden werden. Dazu sollten von jeder Seite sechs Männer gewählt werden. Die dazu von Reichenbach auserwählten sechs Gemeinderäte gelobten nach ihrer Wahl, die Interessen ihrer Mitbürger aufs beste zu vertreten.
Als aber die Reichenbacher auf dem Rathaus zu Bensheim ankamen, hatten die Bensheimer mit Bedacht ein Fässlein ihres besten Weins bereitgestellt. Daraus tranken sie nun ihren Gegnern so lange zu, bis diese überzeugt waren, dass Bensheim in dem Streit im Recht war und der Wald ihnen gehöre. In einem feierlichen Spruch verzichteten sie daraufhin auf alle Ansprüche.
Dadurch waren die Reichenbacher schändlich betrogen worden. Die ungetreuen Gemeinderäte aber haben für ihre Schandtat nach dem Tod keine Ruhe finden können. In der Adventszeit müssen sie aus ihren Gräbern heraussteigen und in dem Wald herumtanzen, der durch ihre Schuld nun zur Bensheimer Gemarkung gehört. Manche haben auch gesehen, wie sie als sechs Irrwische bis in die Straßen von Reichenbach gekommen sind, vor den Fenstern der Leute herumgetanzt und sich so gebalgt haben, dass die roten Funken davongeflogen sind.

Der rettende Wein

Ein Mann aus dem Rheingau, dessen Hab und Gut zerronnen war, hatte den verhängnisvollen Entschluss gefasst, seinem Leben ein Ende zu setzen. Schon hatte er auf dem Speicher einen Strick angebracht und eine kunstvolle Schlinge gedreht, als ihm einfiel, dass die Gläubiger eine halbe Zulast Wein im Keller liegen gelassen oder übersehen hatten. Einen Schluck davon wollte er noch auf den letzten Weg mitnehmen. So schlich er, den Strick in der Hand, nochmals hinunter, nahm den Stechheber und steckte ihn in das Spundloch – an die Stelle also, wo man den besten Trunk, das edelste Herzblut des Fasses herauszieht. Damit füllte er sich einen Schoppen. Als er diesen geleert hatte, war er auf den Geschmack gekommen und füllte sich ein weiteres Glas. Nach dem dritten Schoppen dachte er, dass es doch gar zu dumm sei, nach all den vielen Niederlagen in seinem Leben einen so guten Wein Fremden zu hinterlassen. Und wie es so geht! Der Wein schmeckte dem Mann mit jedem Schoppen besser. Als er beim sie-

benten angekommen war, warf er den Strick in das Fass und meinte: „Jetzt will ich auch das ganze Fass noch austrinken! Dann will ich sehen, ob der Strick noch zu gebrauchen ist!“ Als das Fass nach einiger Zeit leer war, fand der Mann, dass der Strick wirklich nicht mehr zu gebrauchen sei.
Die Überlieferung verschweigt, was aus dem Mann weiterhin geworden ist. Der Erzähler fügte aber stets hinzu, dass dies der einzige Rheingauer überhaupt gewesen sei, der sich erhängen wollte.

Der Stiefeltrunk

Im Essen und im Trinken konnten die Ritter, die in alten Zeiten auf den Burgen am Rhein und anderswo saßen, schon Gewaltiges leisten. Und dennoch gab es selbst damals auch unter ihnen welche, die es selbst in jener trinklustigen Zeit zu einer außergewöhnlichen Meisterschaft brachten.
So saß auch einstmals auf dem Rheingrafenstein im Rittersaal beim Schein der qualmenden Fackeln eine erhebliche Tafelrunde beisammen. Alle hatten schon sattsam getafelt, bis nichts mehr gehen wollte. Jedoch das Trinken ging immer noch weiter, denn da konnte keiner genug bekommen.
Als nun allen schon mehr oder weniger die Köpfe und Zungen schwer geworden waren, erhob sich der Burgherr und holte einen glänzenden Stiefel herbei. Dazu rief er im Übermut in die Runde: „Seht diesen Stiefel hier, ihr Herren, den mir jüngst ein Kurier hier ließ! Ich werde ihn bis obenan mit Wein füllen, und wer ihn mit einem Zuge leeren wird, dem soll mein Dorf Hüffelsheim gehören.“ Dann goss er lachend den Stiefel bis an den Rand voller Wein, hob ihn empor und sagte: „Wohlan, ihr kennt den Preis! Wer wagt es?“
Doch obgleich nun tüchtige Trinker in der Runde versammelt waren, die Sponheim, Dhaun, Stromberg und wie sie alle hießen, sahen sie sich doch bei dieser Aufgabe einander bedenklich an. Selbst der Burgkaplan, den sie sonst alle als ihren Meister beim Pokal anerkannten, schüttelte sich und lehnte sich unwillkürlich und abweisend in seinem Stuhl zurück. Aber schließlich rief es nach langem Stillschweigen endlich vom unteren Ende der Tafel: „Nun, wenn denn keiner will, so gebt mir das Schlückchen her, Herr Rheingraf!“ Es war der dicke Ritter Boos von Waldeck, dessen feiste Backen schon

rot glühten. Und alle in der Runde brachen sogleich in ein brüllendes Lachen aus. „Der Boos, der Boos! Der Waldeck! Ja, das ist euer Mann! Gebt ihm den Stiefel! Hüffelsheim ist über, Rheingraf!“ Alle riefen und lachten sie durcheinander, denn alle kannten sie den Boos als einen gar gewaltigen Trinker. Dieser ließ sich auch nicht beirren, sondern nahm lustig lachend den Stiefel zur Hand und schwenkte ihn. Mit den Worten: „Zum Wohle, ihr Herren!“ trank er ihn dann tatsächlich in einem Zuge leer. Schwer atmend sank er danach zwar wieder auf seinen Stuhl, aber strich sich dabei den Bauch vor Wohlbehagen.

Hüffelsheim war so verloren, der Rheingraf musste wohl oder übel gute Miene zum übermütigen Spiel machen. Dabei konnte er froh sein, dass der Kurier nicht noch den anderen Stiefel zurückgelassen hatte. Denn grinsend fragte Ritter Boos danach und meinte bedauernd, dass das Fehlen schade wäre. Hätte er doch gern auf diese Art noch Roxheim dazugewonnen. Den zweiten Stiefel hätte er bestimmt noch geschafft.

Nun meinen zwar einige Erzähler, dass der Boos noch in der gleichen Nacht an seiner Unbotmäßigkeit gestorben wäre. Aber dies muss wohl nicht so gewesen sein, denn er wurde in den Besitz von Hüffelsheim gesetzt. Auch war das Dorf noch lange danach in dem Besitz seiner Familie

Eine Kaiserkrone für guten Wein

Während der Wirren, die gegen Ende des 14. Jahrhunderts das deutsche Reich überzogen, kam Wenzelslaus aus dem Hause Luxemburg auf den Kaiserthron. Doch stand sein Sinn weniger nach den ernsten Dingen der Regierung, vielmehr liebte er es, sein heiteres Gemütsleben in Genuss und Freude auszuleben. So weilte er gern an den Ufern des Rheins, um dessen Rebenblut sozusagen an der Quelle zu trinken. Besonders lieb war ihm dabei Rhens, wo er beim berühmten Königstuhl nicht selten ein fröhliches Gelage feierte, umgeben von gleich gesinnter Gesellschaft.

Unter anderem war dabei Kurfürst Ruprecht von der Pfalz sein ständiger Begleiter. Dieser strebte nach der Kaiserkrone und hoffte, dass Wenzel ihm diese freiwillig abtreten würde. Deshalb nahm er auch jede Gelegenheit wahr, um dem Kaiser das Lästige und das Unangenehme der hohen Würde empfinden zu lassen. Auch flocht er immer wieder ein, dass Wenzel besser daran tun würde, sich ihrer zu entledigen. Herrsche doch unter den Kurfürsten Unzufriedenheit über die nachlässige Reichsverwaltung, und eine Absetzung sei daher zu befürchten.

Einst saßen nun Wenzel und seine Festgenossen wieder beim Königstuhl. Der Saft der Assmannshäuser Reben hatte nach manch kreisendem Becher bereits alle froh gestimmt. Da sprach der Kaiser in fröhlichem Übermut zu Ruprecht von der Pfalz: „Ich weiß, dass ihr schon lange nach der Krone trachtet, die man auf mein Haupt gesetzt hat. Ich trete sie euch freiwillig ab, wenn ihr uns einen Wein vorsetzen könnt, der unserer Gesellschaft noch besser mundet als dieser hier."

Da sah Ruprecht seine Stunde gekommen. Er winkte seinen Knechten und gab den Befehl, schnell ein bestimmtes Fass herbeizuschaffen. Dies dauerte auch nicht lange, und aus demselben wurden sogleich die Becher gefüllt. Dazu sagte der Kurfürst: „Das ist von meinem Bacharacher. Kostet ihn und sagt mir ohne Scheu, wie er euch schmeckt!"

Der Bacharacher fand auch den höchsten, ungeteilten Beifall, und alle Zecher erkannten ihm den Preis vor dem Assmannshäuser zu. Daraufhin saßen sie noch länger als je beim Königstuhl und durchschwelgten die ganze Nacht bei diesem köstlichen Rebensaft.

Wenzel hielt aber auch sein Wort. Er trat die Krone förmlich an Ruprecht von der Pfalz ab, wofür ihm dieser vier Fuder von seinem Bacharacher Wein geschenkt haben soll.

Das Freudengässle

In Rothenburg ob der Tauber befindet sich ein Gässlein, das den bemerkenswerten Namen Freudengässle trägt. Dort hat vordem der Scharfrichter gewohnt. Wie es nun aber trotzdem zu diesem Namen gekommen ist, erzählt die folgende Sage:

Als im Dreißigjährigen Krieg nach der Schlacht bei Nördlingen Tilly in Rothenburg einzog, bereitete man ihm und seinen Leuten im Rathaus ein stattliches Mahl. Dabei wurde ihm in einem großen Humpen auch Wein vom besten Rothenburger Gewächs kredenzt. Tilly fand den Wein jedoch so abscheulich, dass er die Rothenburger ver-

dächtigte, sie hätten ihm den Wein nur zum Spott gereicht. Voller Zorn sprach er daher zum Bürgermeister und zu den Ratsherren: „Dieser Wein soll euch schlecht bekommen! Denn wenn nicht einer von euch diesen Humpen in einem Zug austrinkt, seid ihr alle des Todes!“
Um seinen Worten den nötigen Nachdruck zu verleihen, ließ er auch sogleich den Scharfrichter rufen, um allen Ratsherren den Kopf abzuschlagen. Da raffte sich einer der jüngeren Ratsherren auf, trat vor und trank den Humpen voller Wein in einem Zug leer. Dadurch kamen Bürgermeister und Ratsherren mit dem Leben davon, und der Scharfrichter konnte unverrichteter Dinge wieder abziehen. Darüber herrschte in Rothenburg große Freude und seitdem wurde das Gässchen mit der Wohnung des Scharfrichters nur noch Freudengässle genannt. Zudem wurde der Humpen zur Erinnerung im Rathaus aufbewahrt.

Most-Märten

Der Überlieferung nach erhielten bis um das Jahr 1870 in der Stadt Schmalkalden alle Beamten und Diener sowie sämtliche Schüler der Knabenklasse am Martinstag aus einer Stiftung eine bestimmte Menge Weinmost gespendet.

Dieser Brauch soll auf folgende Begebenheit zurückgehen:
In alten Zeiten, als der Wald um Schmalkalden noch dicht und wild war, verirrte sich ein reicher Handelsherr aus Schweinfurt in dieser Gegend. Viele Stunden suchte er nach dem rechten Weg, bis er im Morgengrauen des Martinstages die Glocken aus Schmalkalden hörte. Er ging nun dem Klang nach und fand so aus dem Wald heraus. Als Dank für seine Rettung gab er dem Rat der Stadt eine Summe Geld in die Hand. Dazu bestimmte er, dass von den Zinsen alljährlich am Tag seiner Rettung den oben Genannten eine Portion Weinmost verabreicht werde.
Das Bild des Reisenden soll noch in der Mitte des vorigen Jahrhunderts im Rathaus der Stadt gehangen haben und von den Menschen nur Most-Märten genannt worden sein.

Das Geisterwirtshaus im Schwarzholz

In manchen Sagen klingt noch nach, dass in längst vergangenen Zeiten der Wein nicht immer ein so köstliches Getränk war wie er es heutigentags ist.

An der Bahnlinie von Chemnitz nach Leipzig liegt nahe dem Bahnhof Oberwittgensdorf ein kleines Wäldchen, Schwarzholz genannt. Es ist der Rest ausgedehnter Wälder, die einst fast ganz Sachsen bedeckten. Dieser Wald ist heute mit seinem ehemaligen Jagdhaus und seinen Teichen ein sehr beliebtes Ausflugsziel. Und dennoch erzählt man sich vom Schwarzholz eine Spukgeschichte aus der Zeit, als der Wald noch groß in seiner Ausdehnung, düster und undurchdringlich war:

Damals ging ein Wanderer des Nachts über die Herrenhaide, auf der zu dieser Zeit nur ein paar Hütten standen, nach Chemnitz. Da er den Weg gut kannte, schritt er rüstig aus. Er schenkte deshalb auch den Irrlichtern vom Sumpf, der den Schwarzteich umgab, keine Beachtung. Nach einem langen, einsamen Marsch stieß er auf eine Behausung. Er glaubte deshalb, die ersten Gehöfte von Wittgensdorf nebst der Schenke vor sich zu haben.

Da er in der Schenke Licht schimmern sah und Zecher lärmen hörte, trat er müde und hungrig ein. Er setzte sich auch gleich an einen der rohen Holztische. Aber irgendwie kam ihm alles recht seltsam vor: die Kleidung der Bauern, der Kienspan am Eisenring an der Wand, das offene Herdfeuer, die roh gezimmerten Tische und Sitze. Auch seine Tischgenossen waren ihm fremd, ihre Sprache verstand er kaum. Jedoch hatte er keine Zeit, weiter darüber nachzudenken, denn der freundliche Wirt brachte ihm bald Speisen auf altertümlichen Tafelgeräten und Wein in einem großen Humpen. Doch war all dies ebenfalls ungewohnt: die Speisen waren derb und grob, der Wein herb wie von Holzäpfeln.

Aber der Wanderer war viel zu müde, um sich Gedanken zu machen. Vielmehr streckte er sich nach der Mahlzeit auf einer Bank aus, legte sein Wams unter den Kopf und war bald eingeschlafen. Schließlich weckte ihn ein kalter Luftzug, ihn fröstelte. Als er sich umschaute, stand um ihn herum schwarz und düster der Wald. Er lag in Gras und Moos. Er war zur Mitternachtsstunde genau an der Stelle gewesen, wo vor Zeiten die Hussiten friedliche Dörfer überfallen, gemordet, geraubt sowie gebrandschatzt hatten und wo schließlich kein Stein mehr auf dem anderen geblieben war. Im Geisterwirtshaus war er zu Gast gewesen und hatte Dinge berührt und mit Menschen an einem Tisch gesessen, die längst vergangen und zu Staub und Asche zerfallen waren.

Osterwasser wird zu Wein

Bei einem Bauern in Tilleda diente einstmals eine brave und arbeitsame Magd. Diese holte, einem alten Brauch folgend, am Osterheiligabend Osterwasser. Nun füllten zwar alle jungen Mädchen des Dorfes ihre Gefäße mit Osterwasser aus der Waldquelle am Fuße des Kyffhäusers. Jene Magd hatte aber gehört, dass das Wasser droben aus dem Kyffhäuserbrunnen ganz besonders heilsam und kräftig sei. So begab sie sich gegen zehn Uhr des Abends ganz allein auf den weiten Weg. Sie brachte auch bald darauf zwei Eimer des köstlichen Wassers nach Hause. Darauf unternahm sie auch noch ein zweites Mal diesen Gang und goss das Wasser wieder in das Gefäß. Da aber die Mitternachtsstunde immer noch nicht angebrochen war, ging die beherzte Magd auch noch ein drittes Mal auf den Berg. Doch als sie diesmal ihre Eimer gefüllt hatte, rief ihr eine geisterhafte Stimme zu: „Mädchen, nun reicht's!" Die Magd erschrak heftig, hatte sich aber bald wieder gefasst und eilte mit ihren Eimern dem Dorfe zu. Zu Hause angekommen, schüttete sie auch diese Eimer aus und legte sich schlafen. Am anderen Morgen aber bemerkte sie mit dem Bauern voller Freude, dass der gesamte Kübel, in den sie das Wasser gegossen hatte, voller Wein war.

Das große Wirtshaus

Wo das Heilige glänzt, ist auch der Teufel nicht weit. So soll der Sage nach der Teufel sogar eifrig an der ältesten Kirche von Trier mitgebaut haben:
Für den Umbau des Palastes der römischen Kaiserinmutter Helena in eine Kirche ließ der Bischof vier mächtige Säulen aus den im Odenwald gelegenen Granitbrüchen hauen. Doch wie sollten diese nach Trier kommen? Als der Dombaumeister voller Verzweiflung noch über dieses Problem nachdachte, näherte sich ihm der Teufel und fragte den Meister über sein Sinnieren aus. Dieser hatte zwar sehr schnell erkannt, wer der seltsame Gast war, aber in seiner Not dachte er, dass er mit der Hilfe des Teufels sicher schnell zum Ziel käme. Und so nahm er auch den vom Teufel angebotenen Beistand an, beschloss jedoch zugleich, den Teufel zu überlisten. Er erzählte ihm deshalb in der typischen Art der Moselaner, dass an der bewussten

Stelle das größte Wirtshaus von Trier entstehen werde. In diesem könnten sodann die Leute nicht nur ihren Wein trinken, sondern sich auch Tag und Nacht besaufen und lästerliche Reden wider Gott und die Kirchenoberen führen. Da der Baumeister dem Teufel zudem steten Zutritt zu diesem Wirtshaus versprach, war der Böse sofort bereit, dafür die vier Säulen herbeizuschaffen. Dies ging auch mit den ersten drei Säulen gut. Als der Teufel jedoch mit der vierten heransauste, war inzwischen die Kuppel der Kirche fertig. Als er nun Altäre, Heiligenfiguren und gar den segnenden Bischof sah, merkte er, dass er getäuscht worden war. Voller Wut schleuderte er daraufhin die Säule gegen die Kirche. Sie verfehlte jedoch ihr Ziel und blieb zerbrochen auf dem Domplatz liegen.

Am Anfang war die Liebe

Der Kaiser von Österreich hatte dereinst eine Tochter, die sich unsterblich in einen Mann aus dem Volke verliebte. Doch da dies nicht standesgemäß war, wurde die Verbindung vom Vater kurzerhand untersagt. Die Liebenden wollten und konnten jedoch nicht voneinander lassen, und da sie keinen anderen Ausweg wussten, flohen sie nach Schwaben. Am Fuße eines der dortigen Berge eröffneten sie schließlich ein Wein-, nach anderen Erzählern ein Wirtshaus. Das Haus fand auch regen Zuspruch, und wenn man dort einkehren wollte, sagte man nur: „Wir gehen zum Wirt am Berge!“
Eines Tages kam durch Zufall auch der Kaiser in diese Schenke. Als er seine Tochter hier wieder erkannte, war er über alle Maßen froh. Er bereute seine frühere Hartherzigkeit ihr gegenüber und machte ihren Mann zum Herzog Wirt am Berge. Dieser gilt fortan auch als Stammvater des Hauses Württemberg.

Der Geist von Würzburg

Zu Würzburg in der güld'nen Blum
Da, sagt man, geht ein Geist herum,
Der hat dem Wirth um Mitternacht
Bis Eins schon manchen Schreck' gemacht.
Kamen einmal drei Studiosen
Mit knappem Reiterwamms, Lederhosen
Und hellem Sporenklang daher,
Denen erzählt' der Wirt die Mähr'.
Die Herren machten ein klug Gesicht,
Sagten, sie glaubten kein Wort ihm nicht,
Sei'n gewitzt und viel gereist,
Und forchten sich vor keinem Geist,
Wollten noch heut' die Probe machen,
Den Geist zu bannen und auszulachen.
So satzten sie vergnügt im Sinn
In die verruf'ne Kammer sich hin,
Stellten drei Lichter auf den Tisch;
Der Wirth bracht' ihn'n vom Weißen frisch,
Sie diskurirten hin und her,
Trank jeder ein Maaß, und wohl noch mehr;
Und als es schlug die zehnte Stunden,
Der Weiße wollt' ihn'n nicht mehr munden;
Ließen sich drum vom Rothen bringen.
Der machte sie alsbalde singen,
Und jeder zu besund'rer Lust
Viel neuer Schwänk' und Lied'l wußt'!
Doch als die Thurmuhr Elfe schlug,
Sie hatten des Rothen auch genug;
Forderten mit geschliffenen Kelchen
Noch einen Wein, ihr merkt schon welchen,

Der hell im Glase rauscht und säuselt
Und lichten Schaum und Perlen kräuselt.
Deß tranken sie nun auch ihr Theil,
Hatten dabei nicht lange Weil',
Bis endlich mit gelindem Schwanken
Umgingen ihnen die Gedanken,
Ein leiser Frost sie überkam,
Der Kopf ward schwer, die Zunge lahm.
Da schlug es Mitternacht vom Thurm,
Auffuhr die Thür als wie im Sturm;
Und trat herein zu ihrem Grau'n
Der Geist, entsetzlich anzuschau'n,
Aschfarben von Antlitz, Kleid und Schopf,
Hinten mit einem langen Zopf,
Die Nas' allein im rothen Schein,
Hellfunkelnd wie Karfunkelstein.
Her trat zum Tisch das Ungethüm,
Fuhr an die Herrn mit heis'rer Stimm':
Was treff' ich euch, ihr bösen Buben,
Zu solcher Zeit in dieser Stuben?
Könnt ihr nicht ruhig schlafen aus,
Oder mit rechtem Fleiß zu Haus
Aristotelem exponiren,
Euch auf's Examen präpariren?
Statt dessen weicht ihr hier im Wein
Eure steinharten Köpfe ein,
Verstört die Nacht aus ihrer Ruh;
Und was beginnt ihr morgen fruh?
Was ist dann eurer Seelen Nahrung?
Antwort: dünn Bier und salzen Harung.
Denn wie wohl fändet ihr den Weg
Zu bess'rer Atzung in's Kolleg? –

Damit packt er den Ersten frisch,
Warf kurz und gut ihn unter'n Tisch,
Den Zweiten schnürt er an der Kehlen,
Der meint' es führ' ihm aus die Seelen,
Den Dritten panscht er auf den Bauch,
Dass von ihm ging manch' Seufzerhauch.
Das war ein ungefüges Raufen,
Ein banges Winseln, Keuchen, Schnaufen,
Bis bei dem ersten Schlag der Uhr
Der Geist mit Stank von dannen fuhr.

Den Herren war nicht wohl zu Muth,
Verspürten kalten Schweiß und Gluth,
Blieben ganz stille in der Schenken,
Schliefen die Nacht auf harten Bänken;
Und als der Wirth früh Morgens kam,
Von ihnen die schwere Zeche nahm,
Bekannten sie mit bleichen Mienen,
Der Geist wär' ihnen doch erschienen,
Noch lägs ihn'n in den Gliedern schwer,
Und wollten ihn bannen nimmermehr.

Der Geist zu Würzburg in der Kammer
Heißt insgemein: Herr Katzenjammer:
Und die Moral von der Geschicht':
Auf Weißen trinkt kein'n Rothen nicht,
Und setzt ihr gar Champagner drauf:
Der Geist von Würzburg wart't euch auf.

Emanuel Geibel (1853)

Der heilige Markwart

Als der heilige Markwart einst in deutschen Landen das Evangelium predigte, kehrte er an einem Fastentag in Würzburgs reichstem Kloster ein. Man führte den Gast auch gleich zu Tisch, wo die besten Fische und so manch andere Leckerbissen in Fülle aufgetafelt waren. Aus geschliffenen Flaschen leuchtete herrlicher weißer und roter Wein. Zudem schauten aus einem zugedeckten Korb weitere Flaschen hervor, die etwas ganz besonderes vermuten ließen.

Der Heilige hatte so etwas noch nicht erlebt, und er empörte sich über alle Maßen. Er flehte zu Gott, ein Zeichen gegen diese Prasserei zu geben. Dies ließ auch nicht lange auf sich warten! Als der Abt das Zeichen zum Einschenken gegeben hatte, war sogleich jedes Glas gefüllt. Doch schnell setzten alle ihr Glas wieder ab. Zwar nippten alle nochmals, dann aber riefen sie entsetzt: „Wasser, das ist ja Wasser! Wer hat sich einen derartigen Scherz erlaubt?" Eilig wurde der Kellermeister berbeizitiert. Aber dieser konnte sich die Sache auch nicht erklären. Wusste er doch, dass er den Wein aus dem richtigen Kufen in die Flaschen gefüllt hatte. Auch als sie nun zum Roten griffen, das gleiche Bild: Aus allen Flaschen kam nur rotes Wasser. Selbst in den versiegelten, in den Körben liegenden Flaschen war nur Wasser.

Schnell eilten nun der Abt und seine Begleiter in den Keller. Was sie hier sahen, ließ sie fast vor Schreck vergehen: Selbst aus den Fässern, in denen der köstlichste Tropfen gereift war, floss nur Wasser. Da fragten sie in ihrer Not Markwart, was sie tun sollten. Dieser meinte, dass dies ein ernstes Zeichen für den Orden sei, dem Bacchusdienst zu entsagen. Zurückfinden müssten sie zu dem strengen und dem reinen Sinn, der zu Beginn des Ordens herrschte. Denn wo sei das Gedenken an St. Winfried geblieben, der schwarzes Brot brach und den Durst mit Bachwasser stillte?

Die Sage allerdings verschweigt, ob die Mönche das Zeichen erkannten und zu Entsagung und Nüchternheit zurückfanden.

Nach einer anderen Variante kam Makarius, der spätere Abt des Schottenklosters St. Jakob zu Würzburg, als Mönch von Regensburg nach Würzburg, wo sich der Ruf seiner Heiligkeit sehr schnell verbreitete. Eines Tages besuchte er in Geschäften den Bischof Embrico, der ihn freundlich empfing und der seinen Leuten gebot, Makarius nach Landesbrauch mit einem guten Trunk Wein zu bewillkommen. Dieser war jedoch fest entschlossen, bei seiner strengen Lebensart und seiner Abstinenz zu beharren. Er entschuldigte sich deshalb mit aller Ehrfurcht bei dem Bischof und sagte, dass er keinen Wein trin-

ke. Der Bischof versetzte jedoch darauf: „Ich befehle dir aus heiligem Gehorsam und bitte dich auch, dass du zu Ehren des heiligen Märtyrers Kilian mit mir etwas von diesem Wein kostest!"
Nun stand Makarius zwischen zwei Tugenden: der des Gehorsams und der der Abstinenz. Während er noch zweifelte, welcher von beiden er folgen solle, griff er nach dem Becher und kostete etwas. Daraufhin redete er den Bischof an: „Hochwürdiger Vater, ich bitte Euch, mir aus gleicher Liebe aus diesem Becher Bescheid zu tun."
Der Bischof nahm daraufhin auch den Becher aus der Hand von Makarius entgegen, kostete etwas davon und merkte zu seiner großen Verwunderung, dass in dem Becher Wasser war. Er rief sofort seinen Mundschenk herbei und fragte diesen, wieso in dem Becher Wasser sei, wo er doch ausdrücklich befohlen hätte, von dem guten Kilianswein zu bringen. Der Mundschenk beteuerte, dass er extra den besten Wein aus dem gesamten bischöflichen Keller herbeigebracht habe. Hierauf hat der Bischof selbst allen Anwesenden den Becher gereicht und den zu Wasser gewordenen Wein zu kosten gegeben. Das Wunder aber verbreitete sich mit Windeseile zu jedermanns Erstaunen in der ganzen Stadt, sodass schließlich alle Glocken geläutet wurden und Makarius als frommer Diener Gottes vom Bischof und allen Leuten gepriesen und geehrt worden ist.

Bestrafte Neugier

Ein Mann – manche meinen, er sei aus Adelsberg gewesen – hatte in Zell für seine niedergekommene Frau ein Fässlein guten Weins gekauft und trug es nun in der Nacht heimwärts. Da sah er aus der Ferne einige Frauen herbeikommen, die er an ihren weißen Schleiern als gespenstische Fronfastenweiber erkannte. Schnell verbarg er da sein Weinfässlein in dem sich am Weg hinziehenden Graben und sich selbst hinter einem etwas entfernt davon stehenden Busch.
Als jedoch die Weiber zu der Stelle kamen, wo das Fässlein versteckt war, lagerten sie sich dort, ergriffen das Fässlein und tranken ohne Scheu daraus. Erst nach einer guten Weile zogen sie weiter. Betrübt ging nun der Mann wieder zu seinem Fässlein, von dem er glaubte, dass es zumindest halb ausgetrunken sei. Aber als er es sich wieder auflud, war es nur um ein Geringes leichter geworden. Zu Hause zapfte er zudem sehr lange daraus. Es schien, als wolle es gar nicht al-

le werden. Da packte ihn die Neugier, und er schaute in das Fässlein hinein. Doch da war nichts mehr darinnen. Das Fässlein wäre aber sicherlich nie leer geworden, hätte er das Hineinschauen unterlassen.
Ein ähnliches Erlebnis hatte ein Bauer von dem in der Nähe des Dorfes Wieslet gelegenen Schillighofes, eines ehemaligen Freihofes, der zum Kloster Weitenau gehörte. Als dieser ein Kind taufen lassen wollte, fuhr er einige Tage vorher ins Rebland hinaus, um ein Fass Wein zu holen. Es wurde Nacht, bevor er zur Heimfahrt kam. So kam auch die Mitternachtsstunde heran, als er an die so genannte Kreuzeich kam, wo sich nachts nicht gern einer aufhält. Da hörte er auch schon hinter sich Schwatzen und Lachen. Als er sich umdrehte, schwärmten Fronfastenkinder in ihren weißen Kleidchen wie ein Bienenschwarm um das Weinfass, das er auf dem Wagen hatte. Der Bauer hatte keine Lust, mit ihnen anzubinden. Da er aber wusste, dass sie gern Wein trinken, spannte er die unruhig gewordenen Pferde aus und zog mit diesen, jedoch ohne Wagen, nach Hause.
Doch noch vor Morgengrauen holte der Bauer den Wagen auf den Hof, ohne dass in dieser frühen Stunde jemand etwas bemerkt hatte. Das Fass schien wirklich leer geworden zu sein, so leicht war es. Er brachte es aber dennoch in den Keller und klopfte einen Hahn hinein. Wollte er doch sehen, ob die Fronfastenkinder wenigstens etwas übrig gelassen hatten. Als er sodann den Hahn aufdrehte, lief zu seinem großen Erstaunen Wein heraus. Sogar in den folgenden Jahren konnte er noch so manchen Krug daraus füllen. Das Fass wurde einfach nicht leer! Aber mit der Zeit kam dies der Bäuerin seltsam vor. Eines Tages wollte sie schließlich wissen, wie viel Wein denn noch in dem Fass sei. Sie nahm einen langen Stock und steckte diesen durch das Spundloch bis zu dem Fassboden. Doch als sie ihn wieder herauszog, war er ganz trocken. Auch das Fass blieb fortan leer.

Fußnotenverzeichnis

1 Einige Beispiele hierfür wurden zur Illustration aus dem Buch Mainsagen (s. Quellenverzeichnis) mit in die vorliegende Publikation aufgenommen.
2 s. die Sage vom Eberbacher Weinkeller
3 vgl. zu diesem Motiv auch die Sage von der Reliquie des heiligen Benno
4 s. dazu u. a. auch die Sagen vom Kaiser Karl d. Großen und vom Haslocher Weinbergsmann.
5 s. hierzu die Sagen im übernächsten Kapitel
6 s. hierzu auch Der Küfer von Waldenhausen
7 s. Wie die Edelfäule entdeckt wurde

Erläuterung ausgewählter Begriffe

Abt. Vorsteher eines Klosters mit dem Recht der Jurisdiktionsgewalt über die Angehörigen des Klosters

Acker. früher in Mitteldeutschland gebräuchliches Feldmaß; etwa 0,55 ha

Allerheiligen. 1. November; katholisches Fest zum Gedächtnis an alle Heiligen und Märtyrer

Bossieren. Herstellen von Formen aus weichen Stoffen

Brevier. das gesetzliche Andachtsbuch der römisch-katholischen Geistlichkeit bei den vorgeschriebenen Gebetsstunden

Edelfäule. auch Edelreife; die Qualität verbessernde Veränderung reifer Weintrauben am Rebstock durch Einwirkung bestimmter Schimmelpilze

Fassdauben. längliche, flache und etwas gebogene Holzstücke als Seitenteil (-wand) der Fässer

Florin. „die" französische Bezeichnung des Guldens

Fuder. Ladung eines zweispännigen Wagens; war ein vielerorts in Deutschland gebrauchtes, aber bereits seit langer Zeit nicht mehr übliches Maß verschiedener Gegenstände, dabei u. a. das größte Rechnungsmaß für Flüssigkeiten, namentlich für Wein (ca. 1000 Liter)

Fürstabt. ursprünglich Abt, der durch Wahl die Fürstenwürde erhielt und auf den Reichstagen Sitz und Stimme einnahm; nach Auflösung der geistlichen Fürstentümer ein Titel

Gefälle. Abgaben, die den Charakter einer Grundlast besitzen oder überhaupt auf einem grund-, lehns- oder gerichtsherrlichen Verbund beruhen

Gelübde. im Allgemeinen jedes mit einer gewissen Feierlichkeit – im besonderen Fall einer Gottheit – geleistetes Versprechen, für die Erfüllung einer Bitte eine bestimmte „Leistung" zu erbringen; eine spezielle Form des Gelübdes ist das zu leistende Versprechen bei Aufnahme in einen geistlichen Orden

Goldflorine. s. Florin

Häcker. Weingärtner

Herbst. synonym für Weinernte, -lese

Hostie. Abendmahlsbrot; Oblate, die an Stelle des Brotes beim christlichen Abendmahl gereicht wird

Jüngstes Gericht; auch Jüngster Tag. nach der Kirchenlehre das Gericht, das Christus am Ende dieser Welt über alle Menschen halten wird; verbunden mit dem Glauben an die Auferstehung der Toten

Karst. zweizinkige Erdhacke

Keller. hier: Beamter, der die herrschaftlichen Gefälle an Wein, Früchten etc. erhob und verrechnete; i. d. R. folgte er im Rang auf den Amtmann

Kelter. Presse zum Auspressen von Früchten, besonders von Wein; Anwesen zum Keltern

Kiepe. Rückentragkorb

Kilian. Heiliger; wirkte um 690 bei Würzburg; fand dort mitsamt seinen Gefährten einen blutigen Tod, weil er der Legende nach die Ehe des von ihm getauften Herzogs Gozbert mit der Witwe seines Bruders für blutschänderisch erklärte; Kilian gilt als Apostel der Franken und als erster Bischof von Würzburg; sein Kalendertag ist der 8. Juli

Kirchenvisitation. von der Kirchenbehörde durch besondere Abgeordnete an Ort und Stelle vorgenommene Untersuchung des kirchlichen Zustandes der Gemeinden und der amtlichen Tüchtigkeit und Wirksamkeit ihrer Geistlichen

Kirchweih(e). Weihe einer neu erbauten oder ihrer Bestimmung vorübergehend entzogenen Kirche; alljährliches Dorffest zum Gedenken an die Kirchweih

Kirmes. dörfliche Schmausereien und Tanzvergnügungen, mit denen i. d. R. das Erntefest auf dem Lande beschlossen wird; die Bezeichnung soll sich von dem oft mit einem Jahrmarkt (Kirchmesse) verbundenen Fest der Kirchweihe herleiten

Komtur. Leiter, Verwalter einer Komturei

Kreszenz. aus dem Lateinischen, d. h. so viel wie Wachstum; Bezeichnung für unverschnittene Naturweine

Kufe. großer Bottich bzw. großes Fass

Küfer. eigentlich so viel wie Böttcher, Fassbinder; dann auch der die Fässer und den Wein versorgende Gehilfe eines Weinhändlers; oft auch synonym für Kellermeister

Martinstag. 11. November; Gedenktag zu Ehren des heiligen Martin, der aus Mitleid mit einem Armen seinen Mantel geteilt hat

Monstranz. Behältnis (Schaugefäß) für die geweihte Hostie

Mutterfass. so viel wie das älteste oder das Hauptfass; auch synonym für das wertvollste Fass

Nagelprobe. Umstülpen eines Glases über den Daumennagel, um festzustellen, ob es vollständig leer ist

Ohm. hier: früheres Flüssigkeitsmaß, besonders für Wein, unterschiedlicher Größe; es betrug z. B. in Rheinhessen 160 l, in Baden 150 l, in Preußen 137,404 l

Ohmfass. Fass mit einem bestimmten Fassungsvermögen (s. Ohm)

Pöpel. Geist

Profession. Beruf, Gewerbe, Handwerk

Rapier. Fechtwaffe mit gerader Klinge

Reverenz. Ehrerbietung

Schroten. hier: fortschieben oder bewegen einer schweren Sache

Spund. kegelstumpfförmiger Holzzapfen, mit dem das Spundloch verschlossen wird

Spundloch. Loch in einer der Fassdauben zum Füllen und Entleeren der Fässer

St. Kilian. s. Kilian

Stückfass. früheres Flüssigkeitsmaß unterschiedlicher Größe, in Hessen z. B. umfasste es 7,5 Ohm (s. d.)

Visitation. Untersuchung, Durchsuchung, Besichtigung; s. Kirchenvisitation

Weingefälle. s. Gefälle

Weinschröter. Weinfuhrleute

Windsbraut. alter Ausdruck für Sturm oder Wirbelwind; in der Volkssage oft dessen Verkörperung

Wingert. synomym für Weingarten

Zelle. kleines klösterliches Anwesen

Ortsverzeichnis

□ Quellenverzeichnis □

Baader, B.: Volkssagen aus dem Lande Baden und den angrenzenden Gebieten. Karlsruhe 1851

Bechstein, L.: Deutsche Märchen und Sagen. Berlin und Weimar 1978

Bechstein, L.: Deutsche Sagen. Berlin 1987

Bechstein, L.: Thüringer Sagenbuch. Wien und Leipzig 1858 (Reprint: Leipzig 1987)

Bernard, H.: Eine Sammlung von Rheinsagen. Mainz 1861

Dahne, G.: Kostbarkeiten aus dem deutschen Sagenschatz. Berlin 1988

Geib, K.: Die Sagen und Geschichten des Rheinlandes. Mannheim 1836

Grässe, J. G. Th.: Der Sagenschatz des Königreichs Sachsen. Dresden 1874 (Reprint: Leipzig 1978)

Grässe, J. G. Th.: Sagenbuch des Preußischen Staates. 2 Bde. Glogau 1861/71

Herrlein, A. v.: Die Sagen des Spessarts. Aschaffenburg 1851

Hessel, K.: Sagen und Geschichten des Moselthals. Bad Kreuznach 1896

Iba, E. M.: Aus der Schatzkammer der deutschen Märchenstraße. Sagen, Geschichten, Märchen, Erzählungen, Gedichte und Lieder aus Bremen, Bremerhaven, Verden und Nienburg. Bremen 1987

Kiefer, F. J.: Die Sagen des Rheinlandes. Köln 1845

Lynker, K.: Deutsche Sagen und Sitten in hessischen Gauen. Kassel 1854 und Göttingen 1860

Meiche, A.: Sagenbuch des Königreiches Sachsen. Leipzig 1903

Menk, F.: Des Moselthales Sagen, Legenden und Geschichten. Koblenz 1840

Müller, G.: Taufwein aus dem Ritterkeller. Bilder und Sagen aus dem Gebiet zwischen Unstrut und Harz. Berlin 1984

Panzer, F.: Bayerische Sagen und Bräuche. Beitrag zur deutschen Mythologie. 2 Bde. München 1848/55

Petzoldt, L.: Sagen rund um den Bodensee. Karlsruhe 1990

Schöppner, A.: Sagenbuch der Bayerischen Lande. 3 Bde. München 1874 (Reprint: München 1979)

Schönwerth, Fr.: Aus der Oberpfalz. Sitten und Sagen. 2 Bde. Augsburg 1857/58

Schramm, M.: Das Kreuz auf dem Bielstein. Aus dem Sagenschatz des Werratales von der Hornungskuppe bis zum Heldrastein. Berlin 1986

Schultze-Gallera, S. v.: Die Sagen der Stadt Halle und des Saalkreises. Halle 1922

Vögely, L.: Sagen aus dem Markgräflerland. Karlsruhe 1989

Vögely, L.: Sagen des Kraichgaus. Karlsruhe 1988

Vögely, L.: Sagen rund um Karlsruhe, Karlsruhe 1988

Weber, D.: Festung Königstein. Leipzig 1975

Werner, Chr. u. D.: Das eingemauerte Burgfräulein. Ein Chemnitzer Sagenbuch. Chemnitz 1997

Wünsche, A.: Der Sagenkreis vom geprellten Teufel. Leipzig und Wien 1905 (Reprint: Leipzig 1975)

*

Alemannische Sagen. Herausgegeben von U. Diederichs und Ch. Hinze. Augsburg 1998
Bergmannssagen aus dem sächsischen Erzgebirge. Herausgegeben und bearbeitet von D. Werner. Leipzig 1985
Das Fegeweib vom Katzenstein. Frauen in der sächsischen Sage. Herausgegeben von D. Werner. Leipzig 1986
Das Kyffhäusergebirge – seine Sagen. Gesammelt, bearbeitet und illustriert von F. Dittmann. Herausgegeben durch den Arbeitskreis „Natur und Heimat Tilleda“ im Kulturbund der DDR. Artern 1985
Das steinerne Weib. Volkssagen aus fünf Jahrhunderten. Herausgegeben von G. Burde-Schneidewind. Rostock 1979
Der listige Schmied und andere Volkssagen um Stände und Berufe aus dem Brandenburgischen. Herausgegeben von W. Nachtigall und D. Werner. Berlin 1989
Der mittlere Schwarzwald. Ausflugsparadies Deutschland. München 1997
Der mutige Köhler und andere Volkssagen um Stände und Berufe aus dem Anhaltischen. Herausgegeben von W. Nachtigall und D. Werner. Berlin 1990
Der pfiffige Bauer und andere Volkssagen um Stände und Berufe aus dem Thüringischen. Herausgegeben von W. Nachtigall und D. Werner. Berlin 1987
Der Sagenschatz des Frankenlandes. Herausgegeben von L. Bechstein. Würzburg 1842
Der Stralauer Fischzug. Sagen, Geschichten und Bräuche aus dem alten Berlin. Herausgegeben von St. und J. Marzahn. Berlin 1987
Deutsche Pflanzensagen. Gesammelt und gereiht von A. Ritter von Perger. Stuttgart und Oehringen 1864
Deutsche Sagen. Herausgegeben von den Brüdern Grimm. Berlin 1984
Die goldenen Flachsknoten. Frauen in den Sagen um Rhön und Thüringer Wald. Herausgegeben von G. Griepentrog. Leipzig 1989
Die Mosel. Ausflugsparadies Deutschland. München 1997
Es sagt aus alten Tagen. Ein neues Thüringer Sagenbuch. Herausgegeben von E. K. Wenig. Rudolstadt 1982
Fränkische Sagen. Herausgegeben von Ch. Hinze und U. Diederichs. Augsburg 1998
Geister, Grafen und Ganoven. Sagen, Legenden, Geschichten aus dem Moselland. R. Wagner. Aachen 1994
Gelb blüht die Wunderblume. Sagen und Überlieferungen aus dem Arnstädter Gebiet. Zusammengestellt, überarbeitet und teilweise neu erzählt von J. Czerny und P. Unger. Herausgegeben von den Abteilungen Kultur beim Rat des Kreises und Rat der Stadt Arnstadt. 1987
Hessische Sagen. Herausgegeben von J. W. Wolf. Leipzig 1853 (Reprint: Hildesheim 1982)
Hessische Sagen. Herausgegeben von U. Diederichs und Ch. Hinze. Augsburg 1998
Hirtenzauber. Volkssagen um Stände und Berufe aus dem Bayerischen. Ausgewählt und neu erzählt von W. Nachtigall und D. Werner. Berlin 1991
Jungferngrube und Teufelsschmiede. Sagen aus dem Gebiet des Bistums Meißen. Ausgewählt, zusammengestellt und nacherzählt von E. Kumpf. Leipzig 1983
Mainsagen. Gesammelt und herausgegeben von A. Kaufmann. Aschaffenburg 1853 (Reprint: Hildesheim 1981)

Mühlenspuk. Volkssagen um Stände und Berufe aus dem Hessischen. Ausgewählt und neu erzählt von W. Nachtigall und D. Werner (unveröffentlichtes Manuskript)

Sächsische Sagen. Gesammelt und herausgegeben von von H.-J. Uther. München 1992

Sagen aus Baden-Württemberg. Herausgegeben von G. Hubrich-Messow. Husum 1990

Sagen aus dem Bezirk Potsdam. Gesammelt und aufgeschrieben von den Mitgliedern der Bezirksarbeitsgruppe „Brandenburgische Sprachgeschichte". Herausgegeben vom Bezirksfachausschuss Kulturgeschichte/Volkskunde beim Kulturbund der DDR und vom VDJ-Bezirksvorstand Potsdam 1989

Sagen aus dem Rheinland. Gesammelt und herausgegeben von H.-J. Uther. München 1994

Sagen aus Franken. Herausgegeben von H. H. Schlund. Husum 1996

Sagen aus Halberstadt. Zusammengestellt durch A. Siebrecht. Herausgeber: Halberstadt-Information. o. J.

Sagen aus Rheinland-Pfalz. Herausgegeben von R. Schlundt. München 1983

Sagen aus Sachsen-Anhalt. Gesammelt und herausgegeben von S. Neumann. Augsburg 1998

Sagen des Kreises Görlitz und einiger angrenzender Orte. Teil 3. Bearbeitet und neu erzählt von P. Mikles. Herausgeber: Rat der Stadt, Görlitzinformation. 1987

Sagenfahrt durchs Frankenland. Märchen, Schwänke und Geschichten aus den Landschaften und Städten Frankens. Gesammelt und als Reise dargestellt von Diethard H. Klein. Bayreuth 1991

Sagen und Geschichten aus dem Kreis Königs Wusterhausen. Gesammelt von H. Schulz. Herausgegeben vom Heimatmuseum Prieros. 1981

Sagen und Legenden der Eifel. Gesammelt und bearbeitet von H.-P. Pracht. Köln 1994

Sagen und Legenden von der Ahr bis zur Mosel. Gesammelt, nacherzählt und aufgezeichnet von H.-G. Klein. Aachen 1996

Sagen und Märchen aus dem Odenwald. Herausgegeben von G. Hubrich-Messow. Husum 1997

Sagen und Märchen aus dem Schwarzwald. Herausgegeben von G. Hubrich-Messow. Husum 1997

Schwäbische Sagen. Vom Odenwald bis zum Bodensee, vom Schwarzwald bis zum Lech. Herausgegeben von L. Petzoldt. Augsburg 1998

So ruf ich dich zu Gottes Ehr. Glocken und Glockenbräuche im Spiegel der Sage. Gesammelt und bearbeitet von R. Schramm. Berlin 1986

Taunus-Sagenschatz. 190 Sagen und sagenhafte Geschichten aus dem Lande zwischen Lahn und Rheingau, Mittelrhein und Wetterau. Aus vielen Quellen geschöpft und meist neu erzählt von H. Bode. Frankfurt am Main 1991

Thüringer Sagen um Raubritter und Räuber. Ausgewählt und bearbeitet von G. Braune. Herausgeber: Bezirkskabinett für Kulturarbeit Erfurt. o. J.

Von Schätzen, Venezianern und Geistern. Sagen aus dem Gebiet von Ruhla, Seebach, Thal und Winterstein. Herausgeber: Kulturhaus der Gewerkschaften VEB Uhrenwerk Ruhla-Seebach. o. J.

Von Straßenräubern und mutigen Weibern und anderen unheimlichen Dingen rings um das Städtchen Bischofswerda. Aufgestöbert in alten Archiven und Winkeln von M. Hüsni. Herausgeber: Rat der Stadt Bischofswerda. 1987

1000 Jahre Wein an Saale-Unstrut. Herausgegeben vom Ministerium für Raumordnung, Landwirtschaft und Umwelt des Landes Sachsen-Anhalt. 1998
Zum Träumen und zum Trinken. Weinpoesie und Weingeschichten von Saale, Unstrut, Gera und Ilm. Herausgegeben und verlegt von D. und G. Coburger. Naumburg – Freyburg/Unstrut – Bad Kösen 1997
Archiv der Herausgeber

Inhaltsverzeichnis